"十四五"职业教育国家规划教材

21世纪会计专业主干课程教材

SIMULATED PRACTICAL TRAININGS FOR ENTERPRISE ACCOUNTING

企业会计模拟实训教程

（单项实训）

第十版

黄　明　郭大伟　主　编

黄海琛　黄　达　副主编

东北财经大学出版社
Dongbei University of Finance & Economics Press
大连

图书在版编目（CIP）数据

企业会计模拟实训教程：单项实训 / 黄明，郭大伟主编．—10版．—大连：东北财经大学出版社，2024.7（2025.6重印）
（21世纪会计专业主干课程教材）
ISBN 978-7-5654-5203-1

Ⅰ.企…　Ⅱ.①黄…②郭…　Ⅲ.企业管理-会计-高等职业教育-教材　Ⅳ.F275.2

中国国家版本馆CIP数据核字（2024）第062513号

东北财经大学出版社出版
（大连市黑石礁尖山街217号　邮政编码　116025）
网　址：http://www.dufep.cn
读者信箱：dufep@dufe.edu.cn

大连金华光彩色印刷有限公司印刷　东北财经大学出版社发行

幅面尺寸：205mm×285mm　字数：388千字　印张：22.25　插页：1
2024年7月第10版　2025年6月第2次印刷

责任编辑：包利华　责任校对：何　群
封面设计：原　皓　版式设计：原　皓

定价：56.00元

教学支持　售后服务　联系电话：（0411）84710309

第十版前言

《企业会计模拟实训教程（单项实训）》连续获评普通高等教育“十一五”国家级规划教材、“十二五”职业教育国家规划教材、“十三五”职业教育国家规划教材、“十四五”职业教育国家规划教材，并被教育部列为2011年普通高等教育精品教材。本教材以企业会计准则为依据，以产教融合、思政教育、创新教育理念为指导，在会计操作基础规范的基础上，分设基础会计实训、财务会计实训和成本会计实训，旨在全面展现企业会计实务，为学生提供会计确认、计量、记录、报告等各环节的操作平台，强化会计基础规范和实际业务技能训练，提高会计职业认知、职业道德意识和实际动手能力，注重综合素质培养。

在多年的会计实务教学中，本教材得到了广大师生的认可，现已修订至第十版。“教育是国之大计、党之大计。培养什么人、怎样培养人、为谁培养人是教育的根本问题。”高校教师承担着“深化教育领域综合改革，加强教材建设和管理，完善学校管理和教育评价体系”的重要使命，深入实施新文科建设，将会计理论与实务融为一体，将课程思想寓于会计实践实训之中。

此次修订，在体现会计基本业务技能培养要求的前提下，对企业经济业务进一步精简，突出重点，强化基础，提升会计实训教学的有效性和实用性。部分实训项目设计，注重引导学生对财经法律、法规、制度进行思考，将会计诚信、职业道德教育寓于实训教学之中。本次是根据2024年6月第四届全国人民代表大会常务委员会第十次会议通过的关于修改《中华人民共和国会计法》的决定，中共中央办公厅、国务院办公厅印发的《关于进一步深化税收征管改革的意见》，国家税务总局《关于开展全面数字化的电子发票试点工作的公告》，财政部最新修订印发的《企业会计准则第14号——收入》《企业会计准则第22号——金融工具确认和计量》《企业会计准则第7号——非货币性资产交换》等会计准则和《关于修订印发2019年度一般企业财务报表格式的通知》对实训中涉及的各类经济业务的确认、计量、记录、报告进行的全面修订，相关会计业务金额按各行业最新的增值税税率计算，并应用新版的发票单据，进一步贴近企业实务。在会计实训内容设计上，注重体现差异化，例如，经济业务中有的是增值税专用发票，有的是普通发票，不同情况其处理方法有所不同。这样，使学生在实务训练中能适应复杂的、不同类型会计业务的处理。在配套资源上，增加了部分知识点的图片与教学视频、实务操作演示、思政视频、案例设计参考等，进一步丰富了本书的可视、可听、可互动资源。

第十版教材由上海立信会计金融学院黄明、郭大伟任主编，黄海琛、黄达任副主编，沈亚香参与本教材的修订并完善各项实验答案。限于我们的水平，本教材可能存在不足和疏漏之处，请广大读者不吝赐教，以求更正和不断完善。

编　者

2024年7月

目录

第一编　会计操作基础规范

第二编　基础会计实训

第三编　财务会计实训

第四编　成本会计实训

第一编
会计操作基础规范

实训一　会计书写规范

一　会计书写基本规范

会计书写规范是指会计工作人员，在经济业务活动的记录过程中，对接触的数码和文字的一种规范化书写以及书写方法。会计工作离不开书写，没有规范的书写就没有会计工作质量。书写规范也是衡量一个会计工作人员素质高低的标准。一个合格的会计人员，首先书写应当规范，这样才能正确、清晰地书写计算结果，为决策者提供准确、可靠的会计信息，更好地为经济决策服务。

会计书写的内容包括阿拉伯数码字的书写、数字大写以及汉字书写两大部分。在一些外资企业，有时需用外文记账，外文字母的书写也应当规范。

会计书写基本规范的要求是：正确、规范、清晰、整洁、美观。

1.正确，指对业务发生过程中的数字和文字要准确、完整地记录下来，这是书写的基本前提。只有对所发生的经济业务正确地反映出其发生的全过程、内容及结果，书写才有意义。

2.规范，指对有关经济活动的记录书写一定要符合财会法规和会计制度的各项规定，符合对财会人员的要求。无论是记账、核算、分析，还是编制报表，都要书写规范，数字准确，文字适当，分析有理，要严格按书写格式书写，文字以国务院公布的简化汉字为标准，数码字按规范要求书写。

3.清晰，指字迹清楚，容易辨认，账目条理清晰，使人一目了然，无模糊不清之感。

4.整洁，指账面干净、清洁，文字、数码字、表格条理清晰，整齐分明。书写字迹端正，大小均匀，无参差不齐及涂改现象。

5.美观，书写除正确、规范、整洁外，还要尽量使结构安排合理，字迹流畅、大方，给人以美感。

会计工作人员一般都要有两枚名章，一枚为方形姓名章，用于原始凭证、记账凭证、会计报表等指定位置的签章；另一枚为小长方形姓名章，规格为1.6cm×0.4cm，用于更正数字。在凭证、账簿、报表上盖名章时，一般用红色印油。在各种会计资料上签名时，要签姓名全称。

二　数字书写规范

阿拉伯数字书写规范是指要符合手写体的规范要求。阿拉伯数字，是世界各国的通用数字，书写的顺序是由高位到低位，从左到右依次写出各位数字。

（一）数字书写的要求

1.高度。每个数字要紧贴底线书写，其高度占全格的1/2。除6、7、9外，其他数字高低要一致。“6”的上端比其他数字高出1/4，“7”和“9”的下端比其他数字伸出1/4。

2.角度。各数字的倾斜度要一致，一般要求上端向右倾斜60度。

3.间距。每个数字要大小一致，数字排列应保持同等距离，每个字上下左右要对齐。在印有数位线的凭证、账簿、报表上，每一格只能写一个数字，不得几个字挤在一个格里，也不得在数字中间留有空格。

4.要保持个人的独特字体和本人的书写特色，使别人难以模仿或涂改。

除此之外，不要把“0”和“6”、“1”和“7”、“3”和“8”、“7”和“9”写混。在阿拉伯数字的整数部分，可以从小数点起向左按“三位一节”空1/4汉字的位置或用分位点“，”分开。

（二）数字书写错误的更正方法

数字书写错误一般采用划线更正法。如一个数字写错，不论其在哪位，一律用红线全部划掉，在原数字的上边对齐原位写上正确数字。假设数字3 861.25错写成3 867.25，其更正方法见表1-1-1中右表。

表 1-1-1　　**数字书写错误的更正方法**

错误的更正方法

余额									
				3	8	6	1 ~~7~~	2	5

正确的更正方法

余额									
				3	8	6	1	2	5
				~~3~~	~~8~~	~~6~~	~~7~~	~~2~~	~~5~~

三　文字书写规范

文字书写是指汉字书写。与经济业务活动相联系的文字书写包括数字的大写和企业名称、会计科目、费用项目、商品类别、计量单位以及摘要、财务分析报表的书写等。

（一）文字书写的基本要求

1.简明扼要准确，指用简短的文字把经济业务发生的内容表述清楚，在有格限的情况下，文字数目的多少，要以写满但不超出该栏格为限。会计科目要写全称，不能简化，子、细目要准确，符合会计制度的规定，不能用表述不清、记叙不准的语句或文字。

2.字迹工整清晰，指书写时用正楷体或行书体，不能用草书体；不宜过大，一般上下要留空隙，也不宜过小；不能过于稠密，要适当留字距；不能写得大小不一。

（二）中文大写数字的写法

中文大写数字是用于填写需要防止涂改的销货发票、银行结算凭证、收据等，因此，在书写时不能写错。如果写错，则本张凭证作废，需重新填制凭证。

1.数字大写的基本要求。

（1）大写金额前要冠以“人民币”字样，“人民币”与金额首位数字之间不留空位，数字之间更不能留空位，写数与读数顺序要一致。

（2）人民币以元为单位，元后无角分的需要写“整”字。如果到角为止，角后也可以写“整”字；如果到分为止，分后不写“整”字。

（3）金额数字中间连续几个“0”时，可只写一个“零”字，如500.70元，应写作人民币伍佰元零柒角整。

（4）表示位的文字前必须有数字，如拾元整应写作壹拾元整。

（5）切忌用其他字代替，如“零”不能用“另”代替、“角”不能用“毛”代替等。

2.大写金额写法举例。大写金额的写法见表1-1-2。

表 1-1-2　　**大写金额的写法**

小写金额	大写金额		
	正确写法	容易写错为	错误原因
¥6 000.00	人民币陆仟元整	人民币：陆仟元整	“人民币”后多一个冒号
¥4 250.50	人民币肆仟贰佰伍拾元零伍角（整）	人民币肆仟贰佰伍拾元伍角	漏一个“零”字
¥803 000.00	人民币捌拾万零叁仟元整	人民币捌拾万叁仟元整	漏一个“零”字
¥40 093 000.00	人民币肆仟零玖万叁仟元整	人民币肆仟亿零玖亿叁仟元整	多写一个“亿”字 错写一个“亿”字
¥8 600 000.37	人民币捌佰陆拾万元零叁角柒分	人民币捌佰陆拾万零叁角柒分整	漏写一个“元”字 多写一个“整”字

（三）摘要的书写

文字书写中一部分是摘要的书写，包括记账凭证摘要、各种账簿摘要。摘要是记录经济业务的简要内容，填写时应用简明扼要的文字反映经济业务概况。

摘要书写的一般要求如下：

1. 以原始凭证为依据。
2. 正确反映经济业务的内容。
3. 文字少而精，说明主要问题。
4. 书写字体占全格的1/2为宜。
5. 字迹与文字书写要求相同，要工整、清晰、规范。

不同类型的经济业务填写摘要时没有统一格式，但同一类型的经济业务填写摘要时，文字表达是有章可循的。

四 会计书写规范练习

判断下列大小写金额书写是否正确，如有错误，请说明原因，并予以更正。

序号	小写金额										大写金额	判断正误				错误更正										
												小写金额		大写金额		小写金额										大写金额
	千	百	十	万	千	百	十	元	角	分		（√，×）	错误原因	（√，×）	错误原因	千	百	十	万	千	百	十	元	角	分	
1			3	0	0	7	6	9	0	6	人民币：叁十万柒佰陆拾玖圆另陆分整															
2				9	0	7	0	0	0	0	玖万柒百元零角零分整															
3				¥	2	7	6	5	4	6	人民币贰千柒百陆拾肆元伍角陆分整															
4		3	0	7	6	0	0	9	0	0	叁佰另柒万陆千另玖元整															
5					9	0	0	6	8	0	人民币玖千零陆元捌毛正															
6							1	0	0	-	人民币拾园正															

实训二　会计凭证规范

一　会计凭证填制规范

（一）原始凭证填制规范

根据《中华人民共和国会计法》（以下简称《会计法》）和《会计基础工作规范》的规定，填制、取得原始凭证应符合以下要求：

1. 反映要真实。在填制原始凭证时，应使凭证上所记载内容同发生业务的实际情况保持一致，即凭证上的日期、经济业务内容和数据必须按照经济业务的实际发生或完成情况来填制，保证其真实、可靠，不得填写匡算或估计数；原始凭证作为具有法律效力的证明文件，不允许在原始凭证的填制中有任何歪曲事实和弄虚作假行为。

2. 内容要完整。在反映经济业务的相应原始凭证上，按照凭证已有的项目或内容，逐项填列，即应该填写的项目要逐项填写，不可缺漏；年、月、日要按照填制原始凭证的实际日期填写；名称要写全，不能简化；品名或用途要填写明确；有关人员的签章必须齐全。

3. 手续要完备。经办业务的单位、经办人员要对原始凭证认真审核并签章，以对凭证的真实性、合法性负责。按规定，从外单位取得的原始凭证，必须盖有填制单位的公章；从个人取得的原始凭证，必须有填制人员的签名或者盖章。自制原始凭证必须有经办部门负责人或其指定人员的签名或者盖章。对外开出的原始凭证，必须加盖本单位的公章。该公章应是具有法律效力和规定用途、能够证明单位身份和业务性质的印鉴，如业务公章、财务专用章、发票专用章、收款专用章或结算专用章等。

4. 书写要清楚、规范。原始凭证上的数字和文字，字迹要清楚、整齐和规范，易于辨认。如阿拉伯数字应当一个一个地写，不得连笔写；汉字大写数字金额如零、壹、贰、叁、肆、伍、陆、柒、捌、玖、拾、佰、仟、万、亿等，一律用正楷或者行书体书写，不得用简化字代替；所有以元为单位的阿拉伯数字，除表示计量单位等情况外，一律填写到角分；无角分的，角位和分位写“00”或者符号“—”；有角无分的，分位应当写“0”，不得用符号“—”代替。

5. 填制要及时。所有经办业务的部门和人员，在每项经济业务发生或完成后，必须及时填制原始凭证，做到不拖延、不积压，按照规定的程序及时送交会计机构，以保证会计核算工作的正常进行。一般来说，填制或取得的原始凭证送交会计机构的时间最迟不应超过一个会计结算期。

6. 其他要求。

（1）凡填有大写和小写金额的原始凭证，大写与小写的金额必须相符。

（2）购买实物的原始凭证，必须有验收证明。实物购入后，要按照规定办理验收手续，以明确经济责任，保证账实相符。

（3）一式几联的原始凭证，必须注明各联的用途，并且只能以一联用作报销凭证；一式几联的发票和收据，除本身具备复写功能的外，必须用双面复写纸套写，并连续编号。作废时应加盖“作废”戳记，连同存根一起保存。

（4）发生销货退回及退还货款时，必须填制退货发票，附有退货验收证明和对方单位的收款收据，不得以退货发票代替收据。

（5）单位人员公出借款的收据，必须附在记账凭证之后。借款收据是此项借款业务的原始凭证，是办理有关会计手续、进行相应会计核算的依据。在收回借款时，应当另开收据或者退还借款收据的副本，不得退还原借款收据。因为借款和收回借款虽有联系，但又有区别，在会计上需要分别进行处理，如果将原借款收据退还借款人，就会损害会计资料的完整性，使其中一项业务的会计处理失去依据。

（二）记账凭证填制规范

根据《会计法》和《会计基础工作规范》的规定，填制记账凭证除了应符合原始凭证的填制要求外，还应符合以下要求：

1. 记账凭证必须根据审核无误的原始凭证填制。记账凭证可以根据每一张原始凭证填制，也可以根据若干张同类原始凭证汇总编制，或者根据原始凭证汇总表填制，但不得将不同内容和类别的原始凭证汇总填制在一张记账凭证上。

2. 记账凭证应当连续编号。其目的是分清会计事项处理的先后顺序，便于记账凭证与会计账簿之间的核对，确保记账凭证的完整。记账凭证编号的方法有多种，可以按收款、付款、转账三类业务或现金收付、银行存款收付和转账三类业务分别编号，也可以按现金收入、现金支出、银行存款收入、银行存款支出和转账五类业务进行编号，或者将转账业务按照具体内容再分成几类编号。一笔经济业务事项需要填制两张或者两张以上记账凭证的，可以采用分数编号法编号，如1号会计事项分录需要填制三张记账凭证，就可以编成$1\frac{1}{3}$号、$1\frac{2}{3}$号、$1\frac{3}{3}$号。

3. 记账凭证后必须附有原始凭证。除结账和更正错误等外，记账凭证必须附有原始凭证并注明所附原始凭证张数。所附原始凭证张数的计算，一般以原始凭证的自然张数为准。与记账凭证中的经济业务事项记录有关的每一张证据，都应当作为原始凭证的附件。如果记账凭证中附有原始凭证汇总表，则应该把所附的原始凭证和原始凭证汇总表的张数一起计入附件的张数之内。但报销差旅费等的零散票券，可以粘贴在一张纸上，作为一张原始凭证。一张原始凭证如涉及几张记账凭证的，可以将该原始凭证附在一张主要的记账凭证后面，在其他记账凭证上注明该主要记账凭证的编号或者附上该原始凭证的复印件。

4. 其他要求。

（1）记账凭证的填制日期原则上应与发生经济业务的日期一致，但由于凭证的传递需要时间，因此，有的也可以按凭证到达日期填写。如对现金收付款凭证，应以出纳人员实际收付款日期为编制日期；转账凭证应按经济业务发生或完成日期填写。

（2）记账凭证摘要的填写应简明扼要，说明清楚。填写的基本要求是：意思完备，字数简短，字迹清楚。如现金、银行存款的收付事项，应写明收、付款人和款项的内容；采购商品要写清品名、进货来源和批次并能区分不同供货单位。

（3）会计科目必须按现行统一会计制度规定的全称填写，不得简化，不得用科目编号或外文字母代替，并根据经济业务的内容正确确定会计科目的借贷方和金额。

（4）填制完经济业务事项后的记账凭证，如有空行，应当在金额栏目最后一笔金额数字下的空行处至合计数上的空行处划斜线注销。

二 会计凭证审核规范

（一）原始凭证的审核

对原始凭证进行审核，是确保会计资料质量的重要措施之一。《会计法》明确规定，会计机构、会计人员必须对原始凭证进行审核，并根据经过审核的原始凭证编制记账凭证。

1. 原始凭证审核的内容。

（1）真实性审核。审核凭证所反映的内容是否符合所发生实际经济业务的情况，数据、文字有无伪造、涂改、重复使用情况，各联之间数额有无不符情况等。其主要包括：❶经济业务的双方当事单位和当事人必须是真实、合法的。❷经济业务发生的时间、地点和填制日期必须是真实的。❸经济业务的内容和“量”必须是真实的。“量”是指实物量和价值量。

（2）完整性审核。完整性审核的目的是确定原始凭证的编制是否符合要求，各个项目内容是否填写齐全，数字是否正确。要查看其凭证的各项指标是否完整，名称、商品规格、计量单位、数量、金额单位、大写金额、小写金额和填制日期的填写是否正确、清晰。

（3）合法性审核。合法性审核的内容包括：一是原始凭证生成程序的合法性，如企业或个人（具有营业执照的个体户）出具的营业凭证，如发票、运单、机票等，必须是经税务机关批准印制的。购买实物的原始凭证必须附有验收证明，以确认实物已经验收入库。二是审查原始凭证所反映的经济业务有无违反财经制度的规定，有无不按计划、预算办事的行为，资金使用是否符合规定，是否扩大了成本费用、开支范围，财产物资的收发、领退是否按照规定手续办理。

2.原始凭证审核后的处理。

对经过审核的原始凭证，应根据不同的审核结果，进行不同的审核后处理：

（1）对于内容合法、合理、完整、正确的原始凭证，按规定办理会计手续，据以填制记账凭证，并将原始凭证作为附件粘于记账凭证后面，以备查核。

（2）对于内容合法、合理但记载不准确、不完整的原始凭证，按规定暂缓办理会计手续，将原始凭证退回业务经办单位或人员，责成改正凭证记录的错误。经责任单位和有关人员更正错误后，对更正后的凭证进行复审，确定无误后准予办理会计手续。

（3）对于内容完整、正确但不合法、不合理的原始凭证，按规定拒绝办理会计手续，并向单位负责人报告。对于弄虚作假、营私舞弊、欺骗上级等违法乱纪行为，应依据法律规定坚决拒绝执行，并向有关方面反映情况。

（二）记账凭证的审核

记账凭证在记账前，必须经过审核。审核的内容主要有：

1.记账凭证是否附有原始凭证，所附原始凭证的张数、经济内容、金额、合计等是否与记账凭证一致。

2.经济业务是否正常，应借、应贷账户的名称和金额是否正确，账户对应关系是否清晰，所用账户的名称是否符合会计制度的规定。

3.记账凭证中有关项目是否填写齐全，有关人员是否签名或盖章。

审核中如发现差错，应立即查明原因，或予重审，或用划线更正法更正，并在更正处由更正人盖章，以示负责。在审核记账凭证时，如发现错误，必须查明原因，按规定办法及时改正。只有经审核无误的记账凭证，才能据以记账。

三 会计凭证更正规范

（一）原始凭证的错误更正

为了规范原始凭证的内容，明确相关人员的经济责任，防止利用原始凭证进行舞弊，《会计法》规定：

1.原始凭证所记载的各项内容均不得涂改，随意涂改的原始凭证即为无效凭证，不能作为填制记账凭证或登记会计账簿的依据。

2.原始凭证记载的内容有错误的，应当重开或更正，此项工作必须由原始凭证出具单位负责，并在更正处加盖出具单位印章。原始凭证金额出现错误，不得更正，只能由原始凭证开出单位重开。因为如果允许随意更改原始凭证上的金额，容易产生舞弊，不利于保证原始凭证的质量。

3.原始凭证开具单位应当依法开具准确无误的原始凭证，对填制有误的原始凭证，负有更正和重新开具的法律义务，不得拒绝。

（二）记账凭证的错误更正

1.如果在填制记账凭证时发生错误，应当重新填制。

2.已经登记入账的记账凭证，在当年内发现填写错误时，可以用红字填写一张与原内容相同的记账凭证，在“摘要”栏注明“注销某月某日某号凭证”字样，同时再用蓝字重新填制一张正确的记账凭证，注明“订正某月某日某号凭证”字样。

3.如果会计科目没有错误，只是金额错误，也可以将正确数字与错误数字之间的差额，另编一张调整的记账凭证，调增金额用蓝字，调减金额用红字。发现以前年度记账凭证有错误的，应当用蓝字填制一张更正的记账凭证。

四 会计凭证保管规范

1.各单位每年编制的会计凭证，应当由会计机构按照归档要求，负责整理立卷，装订成册。

（1）记账凭证应当连同所附的原始凭证或者原始凭证汇总表，按照编号顺序，折叠整齐，按期装订成册，并加具封面，注明单位名称、年度、月份和起讫日期、凭证种类、起讫号码，由装订人在装订线封签处签名或者盖章。

（2）对于数量过多的原始凭证，可以单独装订保管，在封面上注明记账凭证日期、编号、种类，同时在记账凭证上注明“附件另订”和原始凭证名称及编号。

各种经济合同、存出保证金收据以及涉外文件等重要原始凭证，应当另编目录，单独登记保管，并在有关的记账凭证和原始凭证上相互注明日期和编号。

2.当年形成的会计档案，在会计年度终了后，可暂由会计机构保管1年，期满之后，应当由会计机构编制移交清册，移交本单位档案机构统一保管；未设立档案机构的，应当在会计机构内部指定专人保管。出纳人员不得兼管会计档案。

移交本单位档案机构保管的会计档案，原则上应保持原卷册的封装。个别需要拆封重新整理的，档案机构应会同会计机构和经办人员共同拆封整理，以分清责任。

3.原始凭证不得外借，其他单位如因特殊原因需使用原始凭证时，经本单位会计机构负责人、会计主管人员批准，可以复制。向外单位提供的原始凭证复印件，应当在专设的登记簿上登记，并由提供人员和收取人员共同签名或者盖章。

4.从外单位取得的原始凭证如有遗失，应当取得原开出单位盖有公章的证明，并注明原来凭证的号码、金额和内容等，由经办单位会计机构负责人、会计主管人员和单位领导人批准后，才能代作原始凭证。如果确实无法取得证明的，如火车、轮船、飞机票等凭证，由当事人写明详细情况，由经办单位会计机构负责人、会计主管人员和单位领导人批准后，可代替原始凭证。

五 违反会计凭证规范的法律责任

（一）未按规定填制、取得原始凭证或者填制、取得的原始凭证不符合规定的法律责任

根据《会计法》及有关法律制度的规定，对于有关单位和个人未按照规定填制、取得原始凭证或者填制、取得的原始凭证不符合规定的行为，应当追究其法律责任。处罚规定如下：

1.责令限期改正。对违法单位或者个人由县级以上人民政府财政部门责令限期改正，给予警告，通报批评。

2.罚款。县级以上人民政府财政部门根据单位或个人违法行为的性质、情节及危害程度，在责令限期改正的同时，对单位可以并处100 000元以下的罚款，对其直接负责的主管人员和其他直接责任人员可以处50 000元以下的罚款；情节严重的，对单位可以并处500 000元以上2 000 000元以下的罚款，对其直接负责的主管人员和其他直接责任人员可以处50 000元以上500 000元以下的罚款。

3.停止会计从业资格。对存在违法行为的会计人员，情节严重的，5年内不得从事会计工作。

4.依法处分。属于公职人员的，依法给予处分。

根据《会计法》的规定，未按照规定填制、取得原始凭证或者填制、取得的原始凭证不符合规定的行为构成犯罪的，应依法追究刑事责任。

（二）以未经审核的会计凭证为依据登记会计账簿的法律责任

会计凭证包括原始凭证和记账凭证，对会计凭证进行审核，是保证会计信息真实性和客观性的基

础工作。如果以未经审核的会计凭证为依据登记会计账簿，将会导致会计信息失真。根据《会计法》的规定，对于有关单位和个人以未经审核的会计凭证为依据登记会计账簿的行为，应当追究其法律责任。处罚规定同上。

六　案例设计参考

生命至上：长春长生疫苗事件引发的思考

2018年下半年，长春长生生物科技股份有限公司的全资子公司长春长生生物科技有限责任公司疫苗事件震动全国。2018年7月15日，国家药品监督管理局发布通告称其在对长春长生的检查中发现，该企业冻干人用狂犬病疫苗存在生产记录造假、用不同批次的原液进行勾兑、更改生产批号或实际生产日期、未进行效价测定和热稳定性试验等严重违反《药品生产质量管理规范》的行为。鉴于此，吉林省药品监督管理局决定：吊销长春长生《药品生产许可证》；没收违法生产的冻干人用狂犬病疫苗7 794 034支，没收违法所得18.9亿元，处违法生产、销售冻干人用狂犬病疫苗货值金额三倍罚款7.2亿元，罚没款共计91亿元。

中国证监会决定，对长生生物的控股股东、实际控制人高俊芳及其他公司高管等采取不同期限的市场禁入措施，公司已被强制退市。该事件的进程受到了资本市场、社会公众和监管机构的广泛关注。

问题思考：

1.疫苗质量关乎生命，为什么会发生这样的事情，事件背后的主要原因是什么？

2.如何从科学立法、行业监管、企业社会伦理和道德建设方面预防和杜绝此类案件的发生？

3.企业如何处理好经济利益与社会责任的关系？

启示：疫苗不同于普通商品，它关系到公共卫生安全。社会经济体系的健康运行，既有赖于法制的健全完善，也有赖于社会伦理和道德基础的建设。面临长春长生这一社会商业伦理缺失的典型案例，商业诚信系统的建立显得必要而且紧迫。企业在追求财务业绩增长“自由”的同时，不应忽视自身社会伦理和道德对社会的影响。

长生生物暴露出的问题值得深思。不仅要在企业内部建立有效的内部控制，更重要的是内部控制和外部监管的联系和效能要进一步加强。同时要完善外部监管的力度和科学性，不能让舞弊者钻了体制的空子。既然在现有体系下防范舞弊还是无法达到预期效果，就应进一步完善和创新，营造更好的市场秩序和更加严格的审计环境。

七　会计凭证示例参考

（一）支票填写示例

中国工商银行
现金支票存根（滨）
№00755567
附加信息
出票日期：2024年10月20日
收款人：滨江空调机厂
金　额：¥ 3 000.00
用　途：王力北京出差暂借差旅费
单位主管　张颖　会计　刘利

本支票付款期限十天

ICBC 中国工商银行　现金支票（滨）
№ 00755567
出票日期(大写)：贰零贰肆年零壹拾月零贰拾日　付款行名称：工行滨江支行文汇分理处
收款人：滨江空调机厂　出票人账号：252-69014925
人民币（大写）叁仟元整

千	百	十	万	千	百	十	元	角	分
			¥	3	0	0	0	0	0

用途北京出差暂借差旅费　密码　略
上列款项请从
我账户内支付
滨江空调机厂 财务专用章
张林印
出票人签章
复核 略　记账 略　验印 略
（现金支票正面）

附加信息：	被背书人	被背书人	（贴粘单处）	支票使用法规提示
业务员北京出差 暂借差旅费	背书人签章 2024年10月20日	背书人签章 年 月 日		1.《中华人民共和国票据法》规定禁止签发空头支票和与其预留的签章不符的支票。 2.《中华人民共和国票据管理实施办法》规定签发空头支票或签发与其预留签章不符的支票，不以骗取财物为目的的，由中国人民银行处以票面金额5%但不低于1 000元的罚款。 3.对出票人一年内发生2次（含2次）以上签发支票违法行为的、开户银行应收回其剩余支票，停止其签发支票。 4.中国人民银行上海市分行建立了支票"黑名单"通报制度。被列入黑名单的出票人在上海市所有银行不得购买支票，开户银行有权停止其全部支付结算业务。 详细情况参见支票领用单上的支票使用须知或向开户银行咨询。
	身份证件名称：	发证机关：		
	号码 2 3 0 1 0 7 1 9 8 2 0 6 2 8 0 4 2 6			

（现金支票反面）

印章：滨江空调机厂 财务专用章；张林印

（二）转账支票示例

中国工商银行 转账支票存根（滨）	ICBC 中国工商银行 转账支票（滨）
№10745778	№ 10745778
附加信息 支票已收到 信实化工科技有限公司 王小洁 2024.1.6	出票日期（大写）：贰零贰肆年零壹月零陆日　付款行名称：工行滨江支行文汇分理处 收款人：信实化工科技有限公司　出票人账号：252-69014925
出票日期：2024年1月6日	人民币（大写）：壹拾柒万叁仟陆佰元整　千 百 十 万 千 百 十 元 角 分：¥ 1 7 3 6 0 0 0 0
收款人：信实化工科技有限公司	用途：支付购料款　密码　略
金　额：¥173 600.00	上列款项请从 我账户内支付
用　途：支付购料款	出票人签章
单位主管 张毅　会计 刘利	复核 略　记账 略　验印 略

本支票付款期限十天

（转账支票正面）

印章：滨江空调机厂 财务专用章；张林印

（三）增值税专用发票示例

电子发票（增值税专用发票）　发票号码：24312000000156671969

开票日期：2024年06月08日

（全国统一发票监制章 国家税务总局 上海市税务局）

购买方信息	名称：上海瑞信百货公司 统一社会信用代码/纳税人识别号： 91310113589073204A	销售方信息	名称：上海佳塑塑料制品有限公司 统一社会信用代码/纳税人识别号： 91310108001567123A

项目名称	规格型号	单位	数量	单价	金额	税率/征收率	税额
*塑料制品*塑料整理箱		只	1 000	60.00	60 000.00	13%	7 800.00
合　计					¥60 000.00		¥7 800.00
价税合计（大写）	⊗陆万柒仟捌佰元整				（小写）¥67 800.00		
备注							

开票人：李钦

（四）增值税普通发票示例

电子发票（普通发票）　发票号码：24312000000156528209

开票日期：2024年06月06日

（全国统一发票监制章 国家税务总局 上海市税务局）

购买方信息	名称：上海瑞信咨询有限责任公司 统一社会信用代码/纳税人识别号： 91310116789167188B	销售方信息	名称：上海现代设计有限责任公司 统一社会信用代码/纳税人识别号： 913181127659325F8C

项目名称	规格型号	单位	数量	单价	金额	税率/征收率	税额
*技术服务*产品设计		项	2	1 000.00	2 000.00	3%	60.00
合　计					¥2 000.00		¥60.00
价税合计（大写）	⊗贰仟零陆拾元整				（小写）¥2 060.00		
备注							

开票人：张妍

（五）限额领料单示例

滨江塑料制品有限公司

限额领料单

领用部门：生产车间　　　№ 48339

用途：JL-2产品生产领用　　2024年5月　　材料仓库：材料仓

材料类别	材料名称	计量单位	单　价	全月领用限额（千克）	全月实用	
					数量	金额
主要材料	聚乙烯	千克	14.00元/千克	6 000	5 550	77 700.00

供应部门负责人：李捷　　生产计划部门负责人：张芳

日　期	请　领		实　发			退　库		限额结余（千克）
	数　量	领料单位负责人	数量	发料人	领料人	数　量	退库单编号	
5.4	500	郑伟	500	李平	龚明			5 500
5.14	3 000	郑伟	3 000	李平	龚明			2 500
5.27	1 500	郑伟	1 500	李平	龚明			1 000
5.29	800	郑伟	750	李平	龚明			250
5.31				李平	龚明	200	T-04539	450
合　计	5 800	—	5 750	—	—	200	—	450

仓库负责人：刘亮

（六）领料单示例

滨江塑料制品有限公司

领　料　单

领用部门：生产车间　　　№ 55782

用途：JL-1产品生产领用　　2024年5月17日　　材料仓库：材料仓

材料类别或名称	计量单位	数　量		金　额	
		请　领	实　领	单位成本	总成本
聚丙烯	千克	2 000	2 000	9.00元/千克	18 000.00
备　注：				合　计	18 000.00

第二联　记账联

仓库管理员：李小丽　　接受单位经手人：龚明　　制单：郑伟

（七）产品入库单示例

滨江塑料制品有限公司

产品入库单

№ 56047

交库单位：生产车间　　2024年5月28日　　成品仓库：成品仓

产品名称或型号	计量单位	送检数量	数　量		实收数量
			检验合格	检验不合格	
JL-1	只	2 406	2 403	3	2 403
备　注：					

第二联　记账联

验收：刘亮　　仓库管理员：李小丽　　车间负责人：张芳　　制单：赵刚

（八）产品出库单示例

滨江塑料制品有限公司

产品出库单

接受单位：禾润百货公司　　　№ 10135

用途：产品销售　　2024年5月29日　　成品仓库：成品仓

产品名称或型号	计量单位	数　量	金　额	
			单位成本	总成本
JL-1	只	1 000	48.00	48 000.00
JK-2	只	2 000	64.00	128 000.00
备　注：			合　计	176 000.00

第二联　记账联

仓库管理员：李小丽　　接受单位经手人：龚明　　制单：郑伟

（九）收款凭证示例

收　款　凭　证

总号：15　　分号：银收5

借方科目：银行存款——工行　　2024年5月7日

摘要	应贷科目		√	金额										
	一级科目	二级及明细科目		亿	千	百	十	万	千	百	十	元	角	分
销售产品，收到货款	主营业务收入	JL-1芯片						1	2	0	0	0	0	0
		JK-2芯片						2	5	8	0	0	0	0
	应交税费	应交增值税（销项税额）							4	9	1	4	0	0
合计							¥	4	2	7	1	4	0	0

附件2张

会计主管：张颖　　复核：刘利　　记账：赵青　　出纳：张明　　制单：肖平

附件：（1）电子发票（增值税专用发票）一张。

（2）银行进账单（回单）一张。

（十）付款凭证示例

付　款　凭　证

总号：16　　分号：银付7

贷方科目：银行存款——工行　　2024年5月7日

摘要	应借科目		√	金额										
	一级科目	二级及明细科目		亿	千	百	十	万	千	百	十	元	角	分
支付运输公司运费	应付账款	宇通货运							2	3	0	0	0	0
合计								¥	2	3	0	0	0	0

附件1张

会计主管：张颖　　复核：刘利　　记账：赵青　　出纳：张明　　制单：肖平

附件：支票存根一张。

（十一）转账凭证示例

1.单金额栏转账凭证示例

转　账　凭　证

总号：267　　分号：转 $40\frac{1}{2}$

2024年5月31日

摘要　结转本年利润

借方科目		√	贷方科目		√	金额										
一级科目	二级及明细科目		一级科目	二级及明细科目		亿	千	百	十	万	千	百	十	元	角	分
本年利润			主营业务成本						1	2	7	5	0	0	0	0
本年利润			税金及附加								8	9	0	0	0	0
本年利润			其他业务成本								2	1	0	0	0	0
本年利润			销售费用								6	7	0	0	0	0
合计								¥	1	4	5	2	0	0	0	0

附件0张

会计主管：张颖　　复核：刘利　　记账：赵青　　制单：肖平

转　账　凭　证

总号	267
分号	转 40 $\frac{2}{2}$

2024年5月31日

摘要　结转本年利润																
借　方　科　目			贷　方　科　目			金　额										
一级科目	二级及明细科目	√	一级科目	二级及明细科目	√	亿	千	百	十	万	千	百	十	元	角	分
本年利润			管理费用								4	7	0	0	0	0
本年利润			财务费用									6	7	2	0	0
本年利润			营业外支出										9	0	0	0
合　计										¥	5	4	6	2	0	0

附件 0 张

会计主管：张颖　　复核：刘利　　记账：赵青　　制单：肖平

附件：无附件。该笔结账业务无原始凭证。

2. 双金额栏转账凭证示例

转　账　凭　证

总号	268
分号	转 40 $\frac{1}{2}$

2024年5月31日

摘　要	一级科目	二级及明细科目	过账	借方金额											贷方金额										
				亿	千	百	十	万	千	百	十	元	角	分	亿	千	百	十	万	千	百	十	元	角	分
结转本年利润	本年利润						1	4	9	9	0	0	0	0											
	主营业务成本																	1	2	7	5	0	0	0	0
	税金及附加																			8	9	0	0	0	0
	其他业务成本																			2	1	0	0	0	0
	销售费用																			6	7	0	0	0	0
	管理费用																			4	7	0	0	0	0
合　计						¥	1	4	9	9	0	0	0	0			¥	1	4	9	9	0	0	0	0

附件 0 张

会计主管：张颖　　复核：刘利　　记账：赵青　　制单：肖平

转　账　凭　证

总号	268
分号	转 40 $\frac{2}{2}$

2024年5月31日

摘　要	一级科目	二级及明细科目	过账	借方金额											贷方金额										
				亿	千	百	十	万	千	百	十	元	角	分	亿	千	百	十	万	千	百	十	元	角	分
结转本年利润	本年利润									7	6	2	0	0											
	财务费用																				6	7	2	0	0
	营业外支出																					9	0	0	0
合　计									¥	7	6	2	0	0						¥	7	6	2	0	0

附件 0 张

会计主管：张颖　　复核：刘利　　记账：赵青　　制单：肖平

八 会计凭证学习小结参考

（一）会计凭证分类

原始凭证分类

按取得来源	按填制方法	按用途和格式	按使用范围
外来原始凭证：①外部经济业务发生、完成时取得 ②如发票、运单、机票	**一次凭证**：①一次填制完成 ②反映一项或若干项同类业务 ③如领料单	**通知凭证**：①指示命令进行某项业务事项 ②如罚款通知	**通用凭证**：①某一地区某个部门统一格式 ②如银行汇款凭证，税务、计税凭证，增值税专用发票
	累计凭证：①一张凭证一定期间同类业务连续登记，期末完成 ②如限额领料单	**执行凭证**：①证明某项业务已经发生 ②如发货票、收料单	
自制原始凭证：①内部经办部门和人员在业务执行完成时填制 ②如收料单、发料单、入库单等	**汇总凭证（原始凭证汇总表）**：①根据同类业务原始凭证汇总编制（简化） ②如发料汇总表	**计算凭证**：①自行根据有关凭证、账簿资料编制 ②如制造费用分配表、产品成本计算表	**专用凭证**：①单位内部自行设计，核算、监督特定内容 ②如差旅费报销单等

记账凭证分类

按经济内容	按填制方法	按用途和格式	按是否经过汇总
收款凭证：专门记载库存现金、银行存款增加的业务	**单式记账凭证**：每张凭证一个账户，一项业务涉及几个科目，编制几张（便于分工记账但过于分散）	**通用记账凭证**：统一格式，收、付、转业务均可	**非汇总记账凭证**：统一格式，收、付、转业务均可
出纳员收付款证明			
付款凭证：专门记载库存现金、银行存款减少的业务	**复式记账凭证**：一笔业务涉及的账户集中编制在一张凭证中 内容完整，但不便于分工记账	**专用记账凭证**：①仅反映某类业务 ②如收款凭证、付款凭证、转账凭证	**汇总记账凭证**：①根据记账凭证编制，简化登记总分类账 ②如科目汇总表、汇总收款凭证、汇总付款凭证、汇总转账凭证
转账凭证：专门记载不涉及收付的业务			

（二）会计凭证填制要点

原始凭证与记账凭证填制内容对比表

内容	原始凭证（业务发生时取得填制）	记账凭证（会计人员编制）
名称	原始凭证名称	记账凭证名称
日期	填制原始凭证的日期	填制记账凭证的日期
单位	接受原始凭证单位名称	—
业务	经济业务内容（含数量、单价、金额）	经济业务内容摘要
签章	填制单位签章 填制人员签章	填制人员、稽核人员、记账人员、会计主管人员签名或盖章（收付款凭证还要有出纳人员签章）
账户	—	会计分录（账户名称、记账方向、金额）
附件	汇总原始凭证有附件	所附原始凭证张数及其他有关资料

原始凭证与记账凭证的填制要求对比表

填制要求	原始凭证	记账凭证
记录真实	内容、金额真实可靠，不得弄虚作假	根据审核无误的原始凭证填制，真实可靠
内容完整	逐项填写，不得遗漏、省略、含糊 （日期、单位名称、内容、签章）	日期、摘要、分录、签章、附件等逐项填列
手续完备	1.单位、相关人员签章齐备（外来凭证应有公章） 2.购货有验收证明，退货有入库证明，付款有收款证明 3.借款收回另开收据或退还借据副本 4.特批业务应附批件或批文单独归档	1.除结账、更正错误业务外，均应附有附件并注明原始凭证张数 2.原始凭证汇总表与所附原始凭证张数，一并计入附件数 3.零散票券粘贴在一张纸上，按一张附件计数 4.一张原始凭证涉及几张记账凭证，要在记账凭证中注明号数或附复印件
书写清楚、规范	1.使用蓝黑墨水严格按规定填写 2.文字要简明，字迹要清楚，不得自造简化字 3.汉字大写数字用正楷体或行书体书写，如壹、贰、叁、肆、伍、陆、柒、捌、玖、拾、佰、仟、万、亿、元、角、分、零、整等，大写前加“人民币”字样，不留空白 4.小写数字不得连笔书写，前加币种符号并不留空白；有角无分的，分位写“0”，无角无分的，可写00或以“—”符号代替	基本要求与原始凭证相同，此外还应注意以下要求： 1.时间一般为编制当日，报告期下月初编制的上期调整、结转凭证时间填写编报当期期末 2.摘要简短、精练、明了 3.按规定，科目使用全称，会计分录正确，对应关系清楚（其余要求同原始凭证） 4.不得将不同类型经济业务合并在一张记账凭证上
连续编号	1.各种凭证要连续编号，以便查考 2.一式几联必须双面复写，作废同存根联一并保存 3.写错作废应加盖“作废”章，不得撕毁	按时间顺序编号，以分清会计事项先后顺序： 1.可分收、付、转三类业务编号 2.可分现收、现付、银收、银付、转账五类业务编号
不得涂改、刮擦、挖补	1.文字错误，由出具单位重开或更正盖章 2.金额错误，由出具单位重开，不得更正	1.编制时填写错误应重新填写 2.已入账填写错误按规定方法更正
填制及时	仔细验证签发日期，不得任意延误	及时填制

九 会计凭证规范学习思考

填写下列内容的要点小结摘要，并试举例说明会计凭证的基本内容及各部分内容的内在关系。

会计凭证

<table>
<tr><th colspan="2">内 容</th><th colspan="2">要 点</th><th>应注意问题</th></tr>
<tr><td colspan="2">会计凭证的定义</td><td colspan="2">（1）含义：

（2）意义：</td><td></td></tr>
<tr><td colspan="2" rowspan="2">会计凭证的种类</td><td>原始凭证</td><td>记账凭证</td><td></td></tr>
<tr><td>按取得来源
按填制方法
按用途和格式
按使用范围</td><td>按经济内容
按填制方法
按用途和格式
按是否经过汇总</td><td></td></tr>
<tr><td rowspan="4">会计凭证</td><td>填制</td><td></td><td></td><td></td></tr>
<tr><td>审核</td><td></td><td></td><td></td></tr>
<tr><td>传递</td><td></td><td></td><td></td></tr>
<tr><td>保管</td><td></td><td></td><td></td></tr>
</table>

实训三　会计账簿规范

一　会计账簿设置规范

会计账簿的设置是各企事业单位根据《会计法》、《会计基础工作规范》和企业会计准则的规定，结合本单位会计核算业务的需要，建立有关的会计账簿，构成本企业会计核算体系的过程。

会计账簿的设置一般是在企业开张或更换新账之前进行。所有实行独立核算的国家机关、社会团体、公司、企业、事业单位和其他组织都必须依法设置、登记会计账簿，并保证其真实、完整；不得违反《会计法》和国家统一的会计制度规定私设会计账簿进行登记。但建账册数以及每册账簿选用的格式可根据企业的实际情况来确定。

（一）总账和日记账的设置

总账和日记账一般采用订本式。选购时结合企业业务量的大小，尽量使选用的账页满足一年所用。活页账装订成册时，应注意纸色、大小的一致，且装订应排齐订紧，以保证账本外形美观，防止账页松动。

账簿封面的颜色，同一年度应力求统一，每年应更换一色，以便于区别。

（二）明细账的设置

各种明细账按照二级科目设置，记录经济业务的明细情况，是对总分类账的必要补充。一般来说，明细账除记录金额外，还要记录实物数量、费用与收入的构成、债权债务结算等具体情况。因此，要按照经济业务的特点和管理要求，采用不同格式、形式的账页。明细账一般采用活页账，有些也采用卡片账。其基本格式主要有“三栏式”“数量金额式”“多栏式”“横线登记式”等几种。基本生产成本、辅助生产成本、制造费用、销售费用、管理费用和财务费用等科目的明细核算可采用规范化的多栏式明细账。

（三）辅助账的设置

辅助账（备查账簿）按其所反映的经济业务事项分别设立账户。如代管物资辅助账是按委托单位和代管物资的品名设立账户，租入固定资产登记簿是按租借单位和固定资产名称设立账户。

（四）会计账簿封面的设置

会计账簿应设置封面，标明单位名称、账簿名称及所属会计年度。账簿的扉页，应设立账簿启用表。账簿的第一页，应设置账户目录并注明各账户页次。

（五）会计账簿账户的设置

账簿中的总账是按会计科目的名称和顺序设立的，每一个科目设立一个账户。明细账，原则上每一个子目设立一个明细账户，但可根据实际情况增设或删减。

为查找方便，提高登账速度，可以在账簿上方或右面粘贴口取纸，写上会计科目名称。口取纸的粘贴标准为：打开账本封面，可见口取纸上会计科目名称；合上封面，几乎不露口取纸。

二　会计账簿登记规范

（一）会计账簿的启用

1.设置账簿的封面、封底。除订本式账簿不另设封面外，各种活页式账簿，均应设置与账页大小相一致的账夹、封面、封底，并在封面正中部分设置封签，用蓝黑墨水书写单位名称、账簿名称及所属会计年度。

2.填写账簿启用及经管人员一览表。新会计账簿启用时，应首先填写在账簿扉页上印制的“账簿启用及交接表”中的启用说明部分，内容包括：启用日期、账簿页数、记账人员和会计机构负责人、会计主管人员姓名，并加盖名章和单位公章。

记账人员或者会计机构负责人、会计主管人员调动工作时，应办理交接手续并填写“账簿启用及交接表”，注明交接日期、接办人员或者监交人员姓名，并由交接双方人员签名或者盖章。

3.编写账簿页码和账户目录。启用订本式账簿，应当从第一页到最后一页顺序编定页数，不得跳页、缺号。使用活页式账页，应当按账户顺序编号，并须定期装订成册。装订后再按实际使用的账页顺序编排页码，另加目录，标明每个账户的名称和页次。

（1）使用缴款书缴纳印花税，在账簿启用表右上角注明“印花税”已缴及缴款金额，缴款书作为×年×月×日第×号记账凭证的原始凭证。

（2）粘贴印花税票的账簿，印花税票一律贴在账簿启用表的右上角，并在印花税票的中间划两条出头的注销线，以示税票注销。

（二）会计账簿的登记

会计人员应根据审核无误的会计凭证登记会计账簿。登记账簿的基本要求是：

1.登记会计账簿时，将会计凭证日期、编号、业务内容摘要、金额和其他有关资料逐项记入账内，做到数字准确、摘要清楚、登记及时、字迹工整。

2.登记完毕后，要在记账凭证上签名或者盖章，并注明已经登账的符号，表示已经记账。

3.账簿中书写的文字和数字应在账页格子上留有适当空间，不要写满格子，一般应占格距的1/2。

4.登记账簿要用蓝黑墨水或者碳素墨水书写，不得使用圆珠笔（银行的复写账簿除外）或者铅笔书写。

5.下列情况，可以用红色墨水记账：

（1）按照红字冲账的记账凭证，冲销错误记录。

（2）在仅设借（贷）方的多栏式账页中，登记冲减数。

（3）划更正线、结账线和注销线。

（4）在冲销银行存款日记账时，登记冲销的支票号码。

（5）按暂估价入账的材料或商品，下月初可用红字冲回上述暂估价。

（6）材料按计划成本计价时，发出材料的计划成本大于实际成本时，用红字冲减材料成本差异。

（7）销售产品发生退货时，用红字冲减原先入账的销售收入和销售成本。

（8）账簿一页之内的多余行次，划红色斜线注销。

（9）在没印明余额方向时，用红字表示“负数”。

6.各种账簿按页次顺序连续登记，不得跳行、隔页。如果发生跳行、隔页，应当将空行、空页划线注销，或者注明“此行空白”“此页空白”字样，并由记账人员签名或者盖章。

7.凡需要结出余额的账户，结出余额后，应当在“借或贷”栏内写明“借”或者“贷”等字样。没有余额的账户，应当在“借或贷”栏内写“平”字，并在余额栏内用“θ”表示。

库存现金日记账和银行存款日记账必须逐日结出余额。

8.每一账页登记完毕结转下页时，应当结出本页合计数及余额，写在本页最后一行和下页第一行有关栏内，并在“摘要”栏内注明“过次页”和“承前页”字样；也可以将本页合计数及金额只写在下页第一行有关栏内，并在“摘要”栏内注明“承前页”字样。

对需要结计本月发生额的账户，结计“过次页”的本页合计数应当为自本月初起至本页末止的发生额合计数；对需要结计本年累计发生额的账户，结计“过次页”的本页合计数应当为自年初起至本页末止的累计数；对既不需要结计本月发生额也不需要结计本年累计发生额的账户，可以只将每页末的余额结转次页。

三　对账、结账规范

（一）对账

《会计法》第十七条规定："各单位应当定期将会计账簿记录与实物、款项及有关资料相互核对，保证会计账簿记录与实物及款项的实有数额相符、会计账簿记录与会计凭证的有关内容相符、会计账簿之间相对应的记录相符、会计账簿记录与会计报表的有关内容相符。"

对账包括账簿与凭证的核对、账簿与账簿的核对、账簿与财产物资实存数额的核对。由于对账的内容不同，对账的方法也有所不同，一般的核对方法和内容如下：

1.账证的核对。账证核对是指将账簿记录与记账凭证、原始凭证进行核对，这是账账相符、账实相符、账表相符的前提条件。这种核对工作平常是通过编制凭证和记账中的"复核"或"审核"环节进行的，使错账能及时更正。账证核对的内容包括总账与记账凭证汇总表是否相符，明细账与记账凭证的会计科目、子目、借贷金额、摘要是否相符，序时明细账与记账凭证及所附原始凭证要核对经济业务的内容及金额；涉及支票的，应核对支票号码；涉及银行其他结算票据的，应核对票据种类，以保证账证相符。

2.账账的核对。账账核对是指各种账簿之间的有关数字核对相符。通常有：

（1）总账资产类科目各账户期末余额合计与负债和所有者权益类科目各账户期末余额合计应相等，每一汇总期至少要核对一次。

（2）总账各账户与所辖明细账户每一汇总期至少核对一次。核对相符后，要在对账栏打"√"，以示账簿核对完毕。

（3）会计部门的总账、明细账与业务、仓储部门的业务账、卡和保管账之间，与有关职能部门的财产、业务周转金（备用金）之间以及有关代管、备查簿之间的账目，包括收、付、存数量和金额，每月至少要核对一次。

3.账实的核对。账实的核对包括账物和账款的核对工作。账实核对的基本内容为：

（1）库存现金日记账的账面余额与现金实际库存数额应每日核对，单位主管会计每月至少应抽查一次，并填写库存现金核对情况报告单。

（2）银行存款日记账的账面余额与开户银行对账单核对。通过核对，每月编制一次银行存款余额调节表。

（3）有价证券账户应与单位实存有价证券（或收款收据）相符，每半年至少核对一次。

（4）商品、产品、原材料及包装物明细账的账面余额，应定期与实存数相核对。

（5）各种债权、债务类明细账的账面余额与债权、债务人相核对，并督促有关责任人积极处理。

（6）出租、租入、出借、借入财产等账簿，除合同期满应进行清查外，至少每半年核对一次，以保证账账相符、账实相符。

（二）结账

结账是指在将本期发生的经济业务全部登记入账的基础上，按照规定的方法对该期内的账簿记录进行小结，结算出本期发生额合计和余额，并将其余额结转下期或者转入新账。结账可分为月结、季结和年结等。为了正确反映一定时期内在账簿记录中已经记录的经济业务事项，总结有关经济业务活动和财务状况，各单位必须在会计期末进行结账，不能为赶编财务报表而提前结账，更不能先编制财务报表后结账。

1.结账前，应将本期内所发生的经济业务事项全部登记入账，对需要调整的账项要及时调整。

2.结账时，应当根据不同的账户记录，分别采用不同的方法：

（1）对不需要按月结计本期发生额的账户，如各项应收、应付款明细账和各项财产物资明细账等，每次记账以后，都要随时结出余额，每月最后一笔余额即为月末余额。月末结账时，只需要在最后一笔经济业务事项记录之下通栏划红单线，不需要再结计一次余额。

（2）库存现金、银行存款日记账和需要按月结计发生额的收入、费用等明细账，每月结账时，要在最后一笔经济业务事项记录下面通栏划红单线，结出本月发生额和余额，在"摘要"栏内注明"本月合计"字样，在下面再通栏划红单线。

（3）需要结计本年累计发生额的某些明细账户，每月结账时，应在"本月合计"行下结出自年初起至本月末止的累计发生额，登记在月份发生额下面，在"摘要"栏内注明"本年累计"字样，并在下面通栏划红单线。12月末的"本年累计"就是全年累计发生额，全年累计发生额下通栏划红双线。

（4）总账账户平时只需结出月末余额。年终结账时，为了总括反映全年各项资金运动情况的全貌，核对账目，要将所有总账账户结出全年发生额和年末余额，在"摘要"栏内注明"本年合计"字样，并在合计数下通栏划红双线。采用棋盘式总账和科目汇总表代替总账的企事业单位，年终结账，应当汇编一张全年合计的科目汇总表和棋盘式总账。

3.年度终了结账时，有余额的账户，要将其余额结转下一年度。结转的方法是，将有余额的账户的余额直接记入新账户的余额栏内，不需要编制记账凭证，也不必将余额再记入本年账户的借方或者贷方，使本年有余额的账户的余额变为零。因为，既然是年末有余额的账户，其余额应当如实地在账户中加以反映，否则，容易混淆有余额的账户和没有余额的账户。

四 错账更正规范

会计账簿发生错误时，更正方法一般有划线更正法、补充登记法、红字更正法三种。

1.在结账以前，如果发现会计账簿记录有文字或数字错误，而记账凭证没有错误，可采用划线更正法。采用划线更正法更正错误时，先在错误的数字或文字上划一条红线以示注销，但划线后必须使原有字迹仍可辨认，然后在错误数字或文字上方空白处填写正确的数字或文字，并由记账人员和会计机构负责人（会计主管人员）在更正处盖章以示负责。对于文字错误，可只划去错误的部分并进行更正；对于数字错误，则必须全部划掉，不能只划掉错误数字。

2.如果发现记账错误是由记账凭证所列金额小于应记金额引起的，但记账凭证中所列会计科目及其对应关系均正确，在此情况下，可以采用补充登记法更正记账错误。更正时，按照应记金额与错误数额的差额，用蓝字编制一张记账凭证补充登记。更正的记账凭证应由会计人员和会计机构负责人盖章。

3.如果在记账以后发现记账错误是由于记账凭证所列会计科目或金额有错误引起的，可采用红字更正法。红字更正法，一般适用于以下两种情况：一种是在记账后发现记账凭证中的应借、应贷的会计科目有错误，可用红字更正法予以更正。更正的方法是，先用红字填制一张与原错误记账凭证完全相同的记账凭证，在"摘要"栏内注明"冲销某月某日第某号记账凭证的错账"，并据此用红字登记入账，以冲销原有的错误记录；然后用蓝字填制一张正确的记账凭证，在"摘要"栏内注明"补记某月某日第某号记账凭证"，并据此登记入账。另一种情况是记账以后，发现记账凭证和账簿中所记金额大于应记金额，而应借、应贷的会计科目并无错误，也应采用红字更正法。更正的方法是，用红字按多记的金额填制一张应借、应贷会计科目与原错误记账凭证相同的记账凭证，在"摘要"栏内注明"冲销某月某日第某号记账凭证多记金额"，并据此用红字登记入账，以冲销多记的金额。更正的记账凭证应由会计人员和会计机构负责人（会计主管人员）盖章。

五　违反会计账簿规范的法律责任

（一）私设会计账簿的法律责任

私设会计账簿的行为，是指不在依法设置的会计账簿上对经济业务事项进行统一登记核算，而另外私自设置会计账簿进行登记核算的行为。私设会计账簿，也称“两本账”或“账外账”。

根据《会计法》及有关法律制度的规定，对于有关单位和个人私设会计账簿的行为，应当追究其法律责任。处罚规定如下：

1.责令限期改正。对违法单位或者个人由县级以上人民政府财政部门责令限期改正，给予警告，通报批评。

2.罚款。县级以上人民政府财政部门根据单位或个人违法行为的性质、情节及危害程度，在责令限期改正的同时，对单位可以并处100 000元以下的罚款，对其直接负责的主管人员和其他直接责任人员可以处50 000元以下的罚款；情节严重的，对单位可以并处500 000元以上2 000 000元以下的罚款，对其直接负责的主管人员和其他直接责任人员可以处50 000元以上500 000元以下的罚款。

3.停止会计从业资格。对存在违法行为的会计人员，情节严重的，5年内不得从事会计工作。

4.依法处分。属于公职人员的，依法给予处分。

根据《会计法》的规定，私设会计账簿的行为构成犯罪的，应依法追究刑事责任。

（二）登记会计账簿不符合规定的法律责任

根据《会计法》的规定，对有关单位和个人登记会计账簿不符合规定的行为，应当追究其法律责任。处罚规定同上。

六　案例设计参考

案例1

某电池销售公司会计账簿设置混乱。总账账页与明细账账页附在一起；库存商品明细账只有数量，没有金额。会计凭证填制手续不全，原始凭证复印件较多。资金管理混乱，账外资金16.5万元。总账与明细账余额相差257.25万元。库存商品卡片比总账溢出431.28万元，长期不核对。该公司指定其所属单位将应当列入本单位营业收入的53万多元现金上交，资金收到后，未计入法定会计账册，而是私自存放，先后以半年奖、年终奖、突出贡献奖等多种名目发给单位职工，合计达49万余元。

问题思考：该公司存在哪些问题？违反了《会计法》与会计规范的哪些规定？应当如何处理？

案例2

某机械厂厂长刘某为了规避检查和方便支出，与财会部长商议在该厂设立了账外账，开设“小金库”。“小金库”的资金收入主要来自该厂部分现金销售款、废料的出售等，主要用于职工的福利发放、企业业务费支出等。“小金库”设立后，厂长刘某定期与财会部长等人核对“小金库”收支账目，经核对无异议后，便将部分会计凭证、库存现金日记账账页和支出单据烧毁。后经举报，该厂“小金库”问题被暴露，经检察机关认定，不能提供的销售现金收入的会计凭证、会计账簿涉及金额合计人民币559 780.60元。

问题思考：厂长刘某和财会部长等人的行为属于何种性质？是否构成犯罪？应如何处罚？

七 会计账簿设置与登记示例参考

（一）日记账示例

银行存款——工商银行

2024年		总字	凭证字号	对方科目	摘要	总页	借方（收入）											贷方（付出）											借或贷	结存										
月	日						亿	千	百	十	万	千	百	十	元	角	分	亿	千	百	十	万	千	百	十	元	角	分		亿	千	百	十	万	千	百	十	元	角	分
5	15				承前页					3	1	9	2	6	3	8	0				2	1	3	7	2	8	3	9	借				4	5	7	0	4	5	8	1
5	15		银付8	财务费用	发放工资																				2	3	5	8												
				管理费用	发放工资																		1	7	8	5	0	0												
			银付9	应付职工薪酬	支付工会经费																		1	3	3	8	4	0												
			银付10	应付职工薪酬	缴纳失业保险费																		1	3	2	7	0	1												
				其他应付款	缴纳失业保险费																			6	6	3	5	1												
			银付11	其他应付款	划转工会会费																			2	9	7	3	0												
			银付12	材料采购	购入材料																	4	8	4	8	2	0												
				应交税费	购入材料																			6	3	0	2	7												
				待处理财产损溢	购入材料																				8	4	5	2												
			银付13	应付账款	支付货款																	7	8	1	7	9	4												
			银收8	主营业务收入	销售产品						1	1	9	0	3	0	0												借				4	5	0	1	3	3	0	8
	16		银付14	应付职工薪酬	缴纳养老保险费																	1	4	5	9	7	1	1												
				其他应付款	缴纳养老保险费																		5	3	0	8	0	4												
			银付15	应付职工薪酬	缴纳住房公积金																		4	6	4	4	5	4												
				其他应付款	缴纳住房公积金																		4	6	4	4	5	4												
			银付16	应付职工薪酬	缴纳医疗保险费																		8	6	2	5	5	6												
				其他应付款	缴纳医疗保险费																		1	3	2	7	0	1												
			银收9	应收账款	收到货款					2	8	1	0	5	2	6	0																							
			银收10	预收账款	预收货款						4	8	0	0	0	0	0												借				7	4	0	0	3	8	8	8
					转次页					6	6	0	2	1	9	4	0				2	7	1	6	9	0	9	2	借				7	4	0	0	3	8	8	8

（二）三栏式明细账示例

应收账款明细分类账

分页 6 总页 ____

会计科目：应收账款

明细科目：甲公司

2024年 月	日	总字	凭证 种类	凭证 号数	摘要	对应科目	借方	√	贷方	√	借或贷	余额	√
5	1				承前页		100000.00		203000.00		借	23400.00	
	6		转	4	销售塑料整理箱200只，	主营业务收入	12000.00						
						应交税费	1560.00				借	36960.00	
	7		银收	15	收回货款	银行存款			34740.00		借	2220.00	
	11		转	12	销售塑料筐200只	主营业务收入	17200.00						
						应交税费	2236.00 ~~2725.00~~ 王明杰				借	21656.00	
	23		银收	36	收回货款	银行存款			8190.00		借	13466.00	
	25		银收	42	收回货款	银行存款			8190.00		借	5276.00	
					转次页		132996.00		254120.00		借	5276.00	

应收账款明细分类账

分页 7 总页 ____

会计科目：应收账款

明细科目：甲公司

2024年 月	日	总字	凭证 种类	凭证 号数	摘要	对应科目	借方	√	贷方	√	借或贷	余额	√
5	25				承前页		132996.00		254120.00		借	5276.00	
	28		转	85	销售塑料筐100只	主营业务收入	8600.00						
						应交税费	1118.00				借	14994.00	

（三）数量金额式明细账示例

库存商品明细分类账

分页 4 总页

存放地点：成品仓库

计量单位：只

编号、名称：JK-2塑料筐

2024年		凭证		摘要	收入												发出												结存											
月	日	种类	号数		数量	单价	金额										数量	单价	金额										数量	单价	金额									
							千	百	十	万	千	百	十	元	角	分			千	百	十	万	千	百	十	元	角	分			千	百	十	万	千	百	十	元	角	分
5	1			上月结转																									1 000	64.00				6	4	0	0	0	0	0
	4	出库单	01548	销售领用													300	64.00				1	9	2	0	0	0	0	700	64.00				4	4	8	0	0	0	0
	15	入库单	12011	完工入库	1 500	64.00				9	6	0	0	0	0	0													2 200	64.00			1	4	0	8	0	0	0	0
	20	出库单	01549	销售领用													1 300	64.00				8	3	2	0	0	0	0	900	64.00				5	7	6	0	0	0	0
	28	出库单	01550	销售领用													800	64.00				5	1	2	0	0	0	0	100	64.00					6	4	0	0	0	0
	31	入库单	12012	完工入库	1 300	64.00				8	3	2	0	0	0	0													1 400	64.00				8	9	6	0	0	0	0
	31			本月发生额及月末余额	2 800	64.00			1	7	9	2	0	0	0	0	2 400	64.00			1	5	3	6	0	0	0	0	1 400	64.00				8	9	6	0	0	0	0

（四）多栏式明细账示例

1.不设贷方的多栏式生产成本明细账示例

生产成本明细分类账

分页＿＿　总页 1

明细科目：塑料整理箱

生产车间：A生产车间

投产日期：略

完工日期：略

完成产量：略　计划工时：略

2024年 月	日	总字	凭证字号	摘要	借方发生额	明细项目：原材料	明细项目：工资及福利费	明细项目：制造费用	明细项目：（空栏）
5	1			上月结转	9600.00	7200.00	2400.00		
	4		转8	领料2 000千克，9元/千克	18000.00	18000.00			
	16		转58	领料4 100千克，9元/千克	36900.00	36900.00			
	30		转121	结算分配工资	20000.00		20000.00		
	31		转125	退回多领材料100千克，9元/千克	900.00（红字）	900.00（红字）			
	31		转126	按工时分配结转制造费用	22080.00			22080.00	
	31			本月合计	96080.00	54000.00	20000.00	22080.00	
	31			生产费用累计	105680.00	61200.00	22400.00	22080.00	
	31		转127	结转本月完工产品成本	96000.00（红字）	57600.00（红字）	20000.00（红字）	18400.00（红字）	
	31			月末余额	9680.00	3600.00	2400.00	3680.00	

2.设贷方的多栏式生产成本明细账示例

分页＿＿＿ 总页 1

明细科目：塑料整理箱

生产车间：A生产车间

生产成本明细分类账

投产日期：略
完工日期：略
完成产量：略 计划工时：略

2024年 月	日	总字	凭证号数	摘要	借方发生额	借方明细项目 原材料	工资及福利费	制造费用	贷方发生额	余额
5	1			上月结转		7 200.00	2 400.00			9 600.00
	4		转8	领料2 000千克，9元/千克	18 000.00	18 000.00				27 600.00
	16		转58	领料4 100千克，9元/千克	36 900.00	36 900.00				64 500.00
	30		转121	结算分配工资	20 000.00		20 000.00			84 500.00
	31		转125	退回多领材料100千克，9元/千克	900.00	900.00				83 600.00
	31		转126	按工时分配结转制造费用	22 080.00			22 080.00		105 680.00
	31		转127	结转本月完工产品成本					96 000.00	9 680.00
	31			本月发生额及月末余额	96 080.00	54 000.00	20 000.00	22 080.00	96 000.00	9 680.00

3. 多栏式管理费用明细账示例

总页______ 分页 5

管理费用明细分类账

一 级科目 管理费用

2024年 月	日	总字	凭证字号	摘要	借方	贷方	借/贷	余额	(借)方分析 工资薪酬	折旧费	修理费	水电费	业务招待费
5	2		银付9	支付公司总部复印机修理费	68000		借	68000			68000		
	15		银付38	支付公司总部用电费	211300		借	279300				211300	
	19		银付55	支付公司总部用水费	54000		借	333300				54000	
	24		转126	应付业务招待费	412000		借	745300					412000
	29		转192	结算分配工资	1100000		借	1845300	1100000				
	30		现付64	报销差旅费	122100		借	1967400	122100				
	31		转236	计提公司总部固定资产折旧费	150000		借	2117400		150000			
			转240	冲销应列入销售费用的产品广告费	210000		借	1907400					210000
			转241	结转管理费用		1907400	平	θ					
	31			本月发生额及月末余额	1907400	1907400	平	θ	1222100	150000	68000	265300	202000
				本年累计及期末余额	9760000	9760000	平	θ	6120000	760000	350000	1320000	1210000

（五）平行式明细账示例

分页 4 总页

材料类别：主要材料

材料名称：聚乙烯

材料采购明细分类账

2024年 月	日	总字	凭证字号	发票号数	供应单位	材料名称及规格	计量单位	发票数量	采购成本（借方） 发票金额（千百十万千百十元角分）	运杂费（千百十万千百十元角分）	（千百十万千百十元角分）	合计（千百十万千百十元角分）	入库成本（贷方） 日期 月	日	收料单号数	实收数量	单价	总额（千百十万千百十元角分）
5	1		转2	02934667	和野塑胶有限公司	聚乙烯（PE）	千克	350	475000	15000		490000	5	3	01417	350	14.00	490000
	12		转36	00089761	信实化工科技有限公司	聚乙烯（PE）	千克	240	336000			336000	5	14	01419	240	14.00	336000
	25		转67	00138411	光明塑胶有限公司	聚乙烯（PE）	千克	500	680000	20000		700000	5	26	04242	500	14.00	700000
	31		转85	01748725	信实化工科技有限公司	聚乙烯（PE）	千克	200	280000			280000						

（六）三栏式账示例

分页 3 总页

会计科目：原材料

原材料总分类账

2024年 月	日	凭证 种类	号数	摘要	对应科目	借方（百十亿千百十万千百十元角分）	√	贷方（百十亿千百十万千百十元角分）	√	借/贷	余额（百十亿千百十万千百十元角分）	√
5	1			上月结存						借	44088400	
	15	科汇	1			33114000				借	77202400	
	31	科汇	2					18412400		借	58790000	
	31			本月发生额及月末余额		33114000		18412400		借	58790000	

八　会计账簿学习小结参考

（一）账簿登记要点

账簿登记要点

要　点	说　明
登账内容	将会计凭证日期、编号、摘要、金额等逐项记入，做到数字准确、摘要清楚、登记及时、字迹工整 （1）以记账凭证为依据按记账凭证日期 （2）以原始凭证为依据按原始凭证日期
登账格式	书写的文字、数字上面要留有适当空距，约占格高的1/2
登账用笔	（1）篮黑墨水书写，不得使用圆珠笔和铅笔 （2）红色墨水用途： ①按红字冲账的记账凭证，冲销错误记录 ②不设借贷等栏的多栏式账页，登记减少额 ③三栏式账页未印余额方向，余额为负数时 ④国家规定可用红字登记的其他记录
登账顺序	（1）记账完毕应在记账凭证上签名盖章，在“对账”栏划“√ ” （2）账页逐行逐页登记；相同账户隔页跳行处用红色墨水划对角线注销，或注明“此页空白”字样，由记账人员或会计盖章
结出余额	（1）需结出余额账户，结出余额前应注明“借”或“贷”字样 （2）无余额账户，“借或贷”栏写“平”字，“余额”栏用“θ”表示 （3）库存现金、银行存款日记账应逐日结出余额
过次承前	每张账页登记完毕，应在最后一栏结出本页发生额合计及余额，过入下页第一行有关金额栏，应在本页最后一行“摘要”栏注明“转次页”字样，并在下页第一行“摘要”栏注明“承前页”字样
记账	不得刮擦、挖、改或用褪色药水更改字迹，应按规定的错账更正方法进行更改

（二）账簿分类、设置与登记

账簿分类、设置与登记

类别		设　置		登记	注意的问题
		依据	格式		
日记账	普通日记账		两栏式（借方、贷方） （多栏式略）	根据全部业务发生先后顺序逐日逐笔登记	目前企业较少设置
	特种日记账 ①库存现金日记账 ②银行存款日记账 （提供序时明细的指标）		三栏订本式 （借方、贷方、余额） （多栏式略）	由出纳员根据审核无误的收付款凭证逐日逐笔登记，每日结出余额	一般均要求设置 ①特种日记账用来核算某类业务； ②库存现金、银行存款日记账一般均要求设置，如有不同币种，开户行还应在日记账内分设明细分类账
分类账	总分类账 （提供总括指标，统驭、控制所属明细账）	根据一级科目开设	三栏订本式 （借方、贷方、余额）	根据采用的账务处理程序，逐笔直接或汇总登记	各核算单位必须设置
	明细分类账 （提供详细指标，对总分类账作补充说明）	根据二级或明细科目开设	可订本式或活页式 ①三栏式 ②多栏式 ③数量金额式 ④横线登记式	根据原始凭证、原始凭证汇总表或记账凭证登记 如应收账款、应付账款等 如成本、费用类账户 如原材料、库存商品等 如材料采购等	根据管理要求设置，财产物资、债权、债务、费用成本、收入等一般都应设置明细账

九 会计账簿规范学习思考

设计并填写下列内容的要点小结摘要，并试根据下表列示的问题，说明会计账簿的基本内容及其相互关系。

会计账簿

（一）会计账簿的定义　　含义　　意义

（二）会计账簿的种类

按用途	按外表形式	按账页格式
序时账	订本式	两栏式
分类账：总、明	活页式	三栏式
	卡片式	多栏式
备查簿		数量金额式

（三）账簿的设置原则与基本内容

（四）账簿的设置与登记

类别		设置：依据	设置：格式	登记	注意的问题
日记账	普通				
日记账	特种：现金、银存				
分类账	总分类账				
分类账	明细分类账				

备查簿：

（五）总分类账户与明细分类账平行登记：同依据、同期间、同方向、同金额

（六）记账规则和错账更正

1.记账规则　（1）启用

（2）登记

2.错账更正

类别	适用范围：证 科目	证 金额	账 科目	账 金额	更正方法
（1）划线更正法	√	√	×	×	
（2）红字更正法	×		×		①冲　②改
	√	×	√	×	（多记）冲多记金额
（3）补充登记账	√	×	√	×	（少记）补少记金额

（七）对账与结账
- 1.对账　（1）账证　（2）账账　（3）账实　（4）账表
- 2.结账　（1）程序　（2）方法

（八）账簿更换与保管

（九）违反会计账簿规范的法律责任

实训四　财务报告规范

一　财务报告编制规范

（一）财务报告的组成

根据《会计法》的规定，财务报告由财务报表、财务报表附注和财务情况说明书组成。

1.财务报表。财务报表是财务报告的主要组成部分。它是根据会计账簿记录和有关资料，按照规定的报表格式，总括反映一定期间的经济活动和财务收支情况及其结果的一种报告文件。公司、企业的财务报表主要包括资产负债表、利润表、现金流量表及有关附表。

2.财务报表附注。财务报表附注是对财务报表的补充说明，也是财务报告的重要组成部分。财务报表附注主要包括两项内容：一是对财务报表各要素的补充说明；二是对那些财务报表中无法描述的其他财务信息的补充说明。以公司、企业为例，财务报表附注的内容一般包括：财务报表各项目的增减变动情况；公司、企业所采用的基本会计假设；公司、企业所采用的主要会计政策、会计估计及其变更；关联方关系及其交易；或有事项和资产负债表日后事项；其他重大事项等。

3.财务情况说明书。财务情况说明书是对单位一定会计期间内财务、成本等情况进行分析总结的书面文字报告，也是财务会计报告的重要组成部分。公司、企业的财务情况说明书的内容一般包括：公司、企业生产经营状况；税金缴纳情况；各种财产物资变动情况；其他需要说明的事项。

（二）财务报告的编报要求

根据《会计法》的规定，财务报告编报的基本要求是数字真实、计算准确、内容完整、报送及时。财务报告编报的具体要求有：

1.关于编制依据的要求。编制财务报告，必须根据经过审核无误的会计账簿记录和有关资料进行，做到数字真实、计算准确、内容完整、说明清楚，任何人不得篡改或者授意、指使、强令他人篡改财务报告的有关数字。

2.关于编制格式的要求。编制财务报告，应当根据国家统一的会计制度规定的格式和要求进行，认真编写财务报表附注及其说明，做到项目齐全、内容完整。

3.关于编制标准一致的要求。单位向不同的会计资料使用者提供的财务报告，其编制的依据应当一致。根据《会计基础工作规范》的规定，会计报表之间、会计报表各项目之间，凡有对应关系的数字，应当相互一致；本期会计报表与上期会计报表之间的有关数字应当相互衔接；如果不同会计年度会计报表中各项目的内容和核算方法有变更的，应当在年度会计报表附注中加以说明。

（三）编制财务报告前的准备工作

在编制财务报告前的准备阶段，主要进行以下工作：

1.检查当期业务是否全部入账。认真检查当期发生的各项经济业务是否已全部填制记账凭证，并据以登记与业务相关的总分类账、明细分类账和日记账。检查时尤其应注意有无将当期经济业务推移至下期入账或将下期经济业务提前至本期入账的情况，如有，应于结账前分别进行相应处理。

2.根据权责发生制原则整理（调整）账簿记录。在实行权责发生制的单位，应按照当期发生的权利和责任计算收入与支出的要求，确定当期的经营成果；需要编制调整分录，据以整理账簿记录。整理记录包括应计账项调整和期末账项结转。其中，应计账项调整有：按工资总额的规定比例提取工会经费、职工教育经费等；按规定比例提取机器设备的折旧费；预提当月应负担的银行借款利息；计算当期应付税金等事项。期末账项结转有：将当期的全部销售收入、营业外收入结转至“本年利润”账户；将与收入对应的销售成本、税金及附加、销售费用、营业外支出同时结转至“本年利润”账户；将已发放工资分配记入各有关账户；汇总结转当期的材料消耗，确定期末库存材料成本；汇集间接费用，将其分配结转至“生产成本”账户；计算完工产品成本，结转至“库存商品”账户；计算销售成本，结转至“主营业务成本”账户等事项。

3.核对账簿记录，保证账账相符。财务报表主要依据账簿资料编制，为保证报表指标的正确无误，必须在编表前检查账簿记录的正确性。核对账目包括内部核对和外部核对两方面。内部核对要将总账账户的借方余额合计与贷方余额合计相核对。外部核对以往来款项为对象，如与税务部门之间应交、已交税款的核对，与银行之间借款、还款的核对等。通过账目的内部核对和外部核对，保证账账相符，为编制财务报表准备前提条件。

4.清查财产，保证账实相符。为保证财务报表指标的真实可信，还要求账簿所记录的各项财产结存情况应与实际结存情况保持一致，因此，要进行账实核对，以确保账实相符。在编制财务报表前，按照有关规定应对全部财产进行财产清查。对于清查中出现的盘盈、盘亏和损失等情况，应编制相应的会计分录，并据以登记入账，使各项财产的账面记录结存数与实际结存数保持一致，为编制财务报表奠定客观基础。

5.结束当期账簿记录。在确认当期发生的经济业务、调整账项及有关转账业务已全部登记入账后，分别结计总分类账、日记账、明细分类账和明细账各账户的当期发生额和余额，结束本期账簿记录。企事业单位不得在办理结账手续前编制财务报表，也不得为赶编财务报表而提前结账。

二　财务报表的审核、报送和保管规范

（一）财务报表的审核

为了保证财务报表正确无误，财务报表编制完成以后，必须对报表编制的完整性、合理性、正确性和真实性进行认真审核，才能上报。

财务报表审核的主要内容有：

1.财务报表的种类是否按要求填制齐全，要求填列的项目是否全部填列。

2.财务报表各项目数字是否正确，有关小计、合计、总计或差额计算是否正确；表内及表与表之间的勾稽关系是否正确。

3.财务报表中需要加以说明的问题，是否有相应的文字说明，补充资料是否填列完整。

审核财务报表是一项细致的工作，各企业单位应指派专人负责审核工作，以保证报表的质量符合要求。

（二）财务报表的报送和保管

财务报表审核无误后，应及时报送。对外报送的财务报表，应当依次编写页码，加具封面，装订成册，加盖公章。封面上应当注明：单位名称，单位地址，财务报表所属年度、季度、月度，报送日期，并由单位负责人和主管会计工作的负责人、会计机构负责人（会计主管人员）签名并盖章；设置总会计师的单位，还须由总会计师签名并盖章。

财务报表编制完成并按时报送后，留存的报表也应按月装订成册。财务报表的装订顺序是：

1.财务报表封面。

2.财务报表编制说明。

3.各种财务报表，按财务报表的编号顺序排列。

4.财务报表封底。

财务报表在会计部门保管1年，满1年后应开列清册，移交档案部门进行保管。若财务报表由会

计部门负责归档保管，应设专屋或专柜保管。

三 编制虚假财务报告的法律责任

编制虚假财务报告的行为，是指根据虚假的会计账簿记录而编制财务报告，或者凭空捏造虚假的财务报告以及对财务报告擅自进行没有依据的修改行为。根据《会计法》及有关法律制度的规定，对于有关单位和个人编制虚假财务报告的行为，应当追究其法律责任。处罚规定如下：

1.责令限期改正。对违法单位或者个人由县级以上人民政府财政部门责令限期改正，给予警告，通报批评。

2.没收与罚款。编制虚假财务会计报告违法所得200 000元以上的，除没收外，对单位并处违法所得1倍以上10倍以下的罚款，没有违法所得或者违法所得不足200 000元的，并处200 000元以上2 000 000元以下的罚款；对其直接负责的主管人员和其他直接责任人员可以处100 000元以上500 000元以下的罚款，情节严重的，可以处500 000元以上2 000 000元以下的罚款。

3.停止会计从业资格。对参与编制虚假财务会计报告的会计人员，5年内不得从事会计工作；被依法追究刑事责任的人员，不得再从事会计工作。

4.依法处分。属于公职人员的，依法给予处分；构成犯罪的，依法追究刑事责任。

四 案例设计参考

诚信不能缺位：康美药业财务造假问题分析

康美药业股份有限公司（简称“康美药业”）是一家现代化大型医药企业、国家级重点高新技术企业。康美药业于2001年3月在上海证券交易所上市。2019年5月17日，因涉嫌财务报告虚假陈述等违规行为，康美药业被证监会立案调查。调查发现，康美药业2017年年报中有20多个重大项目存在财务造假，是迄今为止最为严重的财务造假案，一时间轰动了整个资本市场。

康美药业的财务造假手段主要分为以下四个方面：一是虚增收入。2016至2018年公司通过伪造业务凭证的方式累计虚增营业收入291.28亿元。二是虚增货币资金。2016至2018年通过伪造银行单据累计虚增货币资金886亿元。三是虚增固定资产、在建工程和投资性房地产价值。在2018年半年报中将前期未纳入报表的6个工程项目纳入表内，分别调增固定资产11.89亿元、在建工程4.01亿元、投资性房地产20.15亿元，合计调增资产总额36.05亿元，占公司披露总资产的4.58%。四是关联方资金占用与炒作股票。2016至2018年累计向控股股东及其关联方提供非经营性资金116.19亿元，该项资金被用于购买股票、替控股股东及其关联方偿还融资本息、支付收购溢价款等。

“冰冻三尺非一日之寒”，康美药业自上市以来，其财务报表的真实性不断遭受质疑，其财务造假是有预谋、长期的欺诈行为。上市公司属于公众公司，其财务造假必然损害现有和潜在投资者、债权人等的利益，社会危害性极大。

问题思考：

1.诚信是社会主义核心价值观的重要内容，基于康美药业财务造假案例，讨论会计诚信的重要意义。

2.结合二十大报告“弘扬诚信文化，健全诚信建设长效机制”和财政部颁发的《关于加强会计人员诚信建设的指导意见》，思考在会计工作中如何恪守诚信理念？

启示：康美药业仅仅是诸多财务报表舞弊的一个样本，但因其货币资金虚增金额过大、涉及的手段更为特殊（大量资金转化为存货）而受到关注。上市公司系统性财务造假隐蔽性强，难以监管侦查。仅依靠行政力量难以从源头上解决系统性财务造假问题。对于公司来说，完善的公司治理和内部控制是防范财务舞弊的根本防线。就上市公司而言，加强会计基础工作，尤其是涉及资金收付的账务处理的及时性、准确性等是基本要求。同时，公司的其他利益相关者应积极参与监督，比如加强债权人的治理作用，防范因财务舞弊而造成的巨大损失。

杜绝上市公司的违法行为需要建立失信惩戒机制，完善守法诚信褒奖机制和违法失信惩戒机制，将财务造假列为企业失信行为并纳入征信系统中，进而通过全社会的约束机制使得相关责任人不敢失信、不能失信。通过建立良好的信用环境，提高上市公司的信息披露质量，更好地发挥资本市场功能。

第二编 基础会计实训

基础会计实训结构设置

（一）会计处理程序及各种会计核算方法的关系

会计核算的各种方法既独立存在，又相互联系，形成一个完整的方法体系。会计处理程序“确认、计量、记录、报告”运行的过程，也是各种信息生成方法综合运用的过程。企业经济业务发生后，首先，需要对各项经济业务进行初始确认、计量，并填制、审核会计凭证。然后，按照设置的账户，采用复式记账方法根据审核无误的会计凭证登记各种会计账簿，完成会计记录核算过程。在会计记录核算中，还要对生产经营过程中发生的各项费用进行成本计算，对账簿记录进行财产清查核对，保证账实相符。在会计期末，要根据账簿记录进行期末调整事项的会计处理，进行再次确认、计量与记录。最后，进入会计程序的报告阶段，定期编制财务报表（或报告）。会计处理程序及各种会计核算方法的关系见参考图2-1。

视频

各种会计核算方法之间的相互关系

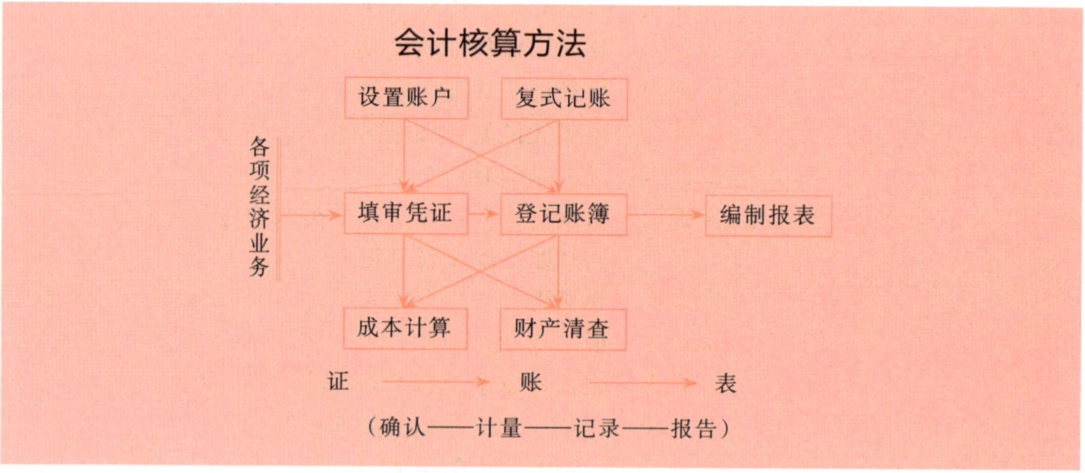

参考图2-1　会计处理程序及各种会计核算方法的关系

（二）各种账务处理程序的基本模式（共性）

为了合理地组织会计工作，确保及时提供会计信息，必须把各类凭证、账簿按一定的要求结合起来，形成一定的账务处理程序。

账务处理程序又称会计核算形式，是指会计凭证组织、会计账簿组织和记账程序相互结合的方式。会计核算的七种方法相互交织、互相联系，最后表现在会计凭证、会计账簿、会计报告账务处理运行中。

会计凭证组织、会计账簿组织和记账程序的不同结合方式，可以形成各种各样的账务处理程序。各种账务处理程序的基本模式见参考图2-2。

（三）各种账务处理程序的基本特点

各单位应根据业务性质、规模大小等特点，采用适当的账务处理程序。常用的账务处理程序主要有记账凭证账务处理程序、科目汇总表账务处理程序、汇总记账凭证账务处理程序、多栏式日记账账务处理程序、日记总账账务处理程序。各种账务处理程序的主要区别在于登记总账的依据和方法不同。各种账务处理程序的基本特点见参考图2-3。

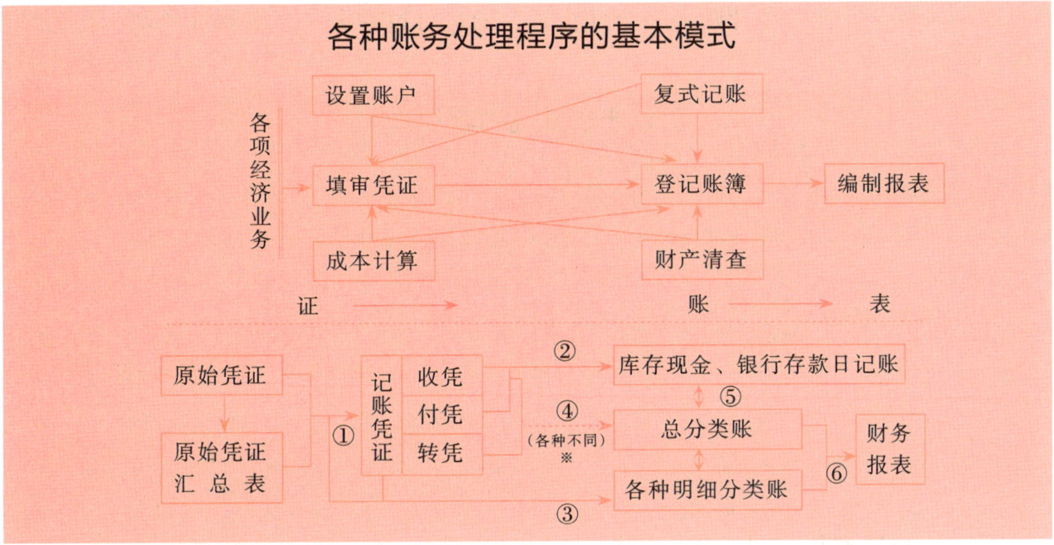

证——①根据原始凭证或原始凭证汇总表填制记账凭证

账——②根据审核无误的收款凭证和付款凭证逐笔登记库存现金日记账和银行存款日记账

③根据审核无误的收款凭证、付款凭证和转账凭证及其所附的原始凭证登记各种明细分类账

④根据审核无误的收款凭证、付款凭证和转账凭证登记总分类账（各种账务处理程序不同）

⑤期末，分别日记账与总分类账、总分类账与各种明细分类账相互核对

表——⑥期末，根据核对无误的总分类账和明细分类账资料编制财务报表

参考图2-2 各种账务处理程序的基本模式

各种账务处理程序的基本特点

账务处理程序	基本特点	凭证、账簿组织 总·日·明	优点	缺点	适用范围
记账凭证账务处理程序	记凭→总账	记凭	①简单 ②反映对应关系	工作量大	经济业务小、少的企业单位
科目汇总表账务处理程序	记凭→科汇表→总账	①记凭 ②科汇表	①简化 ②检验	不反映对应关系	经济业务大、多的企业单位
汇总记账凭证账务处理程序	记凭→汇记凭→总账	①记凭 ②汇总记账凭证			
多栏式日记账账务处理程序	收付→多日→总账 转(直、汇)	记凭			
日记总账账务处理程序	记凭→日记总账	记凭			

参考图2-3 各种账务处理程序的基本特点

（四）会计学原理课程基本框架结构

会计学原理课程，主要学习会计学的基本理论、基本方法、基本技能，总体内容通常包括：第一部分基本理论（第1章），第二部分基本方法（第2—10章），第三部分会计工作组织（第11、12章）。各教材章节划分各有特点，有所不同。第二部分是以会计对象六大会计要素的基本业务为例，分别各章节具体阐述设置账户、复式记账、会计凭证、会计账簿、成本计算、财产清查、编制报表等各种会计核算的专门方法。会计信息生成的各种核算方法既独立存在，又相互联系，形成一个完整的方法体

系，最终表现在“会计凭证→会计账簿→会计报告”的运行过程中。一般教程的基本结构设置见参考图2-4至参考图2-6。

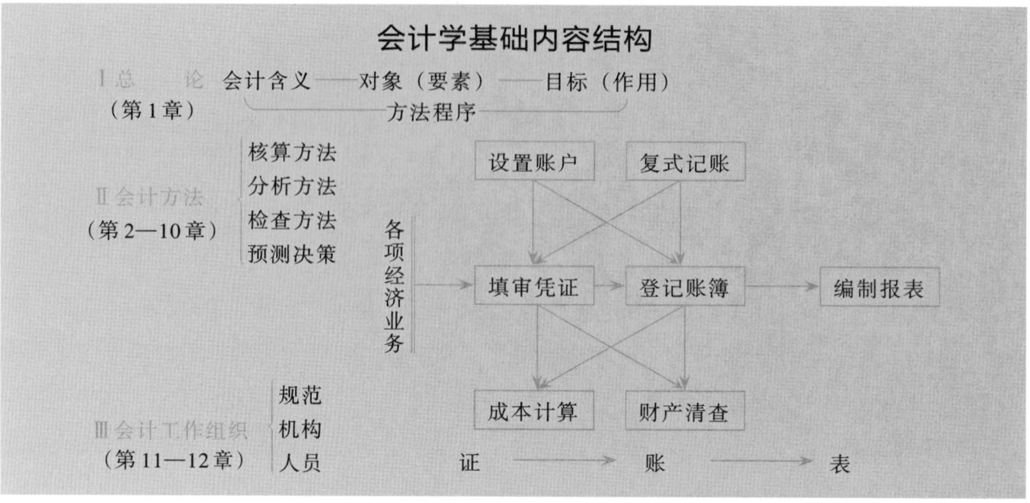

参考图2-4　会计学基础内容结构设置

会计学原理内容结构

第1章　总论 第2章　会计要素与会计等式	Ⅰ总论
第3章　设置账户与复式记账 第4章　企业主要经营过程的核算（成本计算） 第5章　会计凭证 第6章　账户分类（第3章“账户”内容的深化） 第7章　会计账簿 第8章　财产清查 第9章　财务报表的列报 第10章　会计核算程序	Ⅱ会计方法 （*会计核算方法）
第11章　会计工作组织 第12章　会计规范	Ⅲ组织规范

参考图2-5　会计学原理内容结构设置

会计学原理教程内容结构

第1章　会计透视（含义、产生、发展） 第2章　会计信息系统 第3章　概念结构	Ⅰ总论 （含会计工作组织相关内容）
第4章　账户与复式记账 第5章　会计循环（1、2） 第6章　经济业务分析Ⅰ（供、产、销）（成本计算） 第7章　经济业务分析Ⅱ（筹、投、分） 第8章　会计凭证与会计账簿 第9章　内部控制与财产清查 第10章　期末账项调整与结转（第5章“会计循环”内容的深化） 第11章　账户分类（第4章“账户”内容的深化） 第12章　会计报表编制与披露 第13章　会计报表分析	Ⅱ会计方法 （*会计核算方法）

参考图2-6　会计学原理教程内容结构设置

（五）“第二编 基础会计实训”部分的基本结构

“第二编 基础会计实训”部分的基本结构见本教程目录。基础会计实训，是对会计学原理课程学习的内容，从理论与实践相结合的角度进行同步和阶段性配套实务操作训练。其结构设计是按实务工作中的“会计凭证→会计账簿→会计报告”为主线的思路设计，把对会计学原理课程中各种会计核算方法基本知识点的理解和应用练习，融合在基础会计实训各项实务处理过程中。明确各种会计核算方法的关系，理解会计学原理课程的各章节总体构架与内在联系，才能较好地将所学内容与实务操作有机结合，指导实践。实训一至实训五是会计凭证实训，实训六至实训九是会计账簿实训，实训十是财产清查方法的重要内容之一，实训十一是各种账务处理程序中最有代表性的一种——科目汇总表核算程序，实训十二是财务报表的编制实训。在重点进行各知识点单独训练的同时，实训三要求填制会计凭证，实训十一要求将其汇总登记总分类账，实训十二要求由以上内容生成财务报表。力求通过把相关实训内容联系起来完成，在提高学习效率的同时，各有侧重而又较系统地理解、掌握总体内容。最后，相关实训资料的会计凭证、会计账簿、会计报告可以统一和分别装订成册，作为实训学习的会计档案保管。学习资料也可系统整理装订，作为学习会计学基础课程的参考。

（六）问题思考

1.试举例说明会计学原理课程的内容结构是如何设置的，各章内容有哪些内在关系。

2.举例分别说明会计凭证、会计账簿、会计报告与其他各种核算方法之间的关系。

3.说明会计学原理课程与本教程“第一编 基础会计实训”部分结构上的联系与区别。

4.在会计学习和实务操作中需要涉及哪些专业知识？试说明各门课程之间的联系与区别，如何融汇贯通并系统掌握，会计人才需要具备哪些专业素养，并分析自己存在的不足和应该努力的方向。

实训一　原始凭证的填制

（一）实训目的

通过实训使学生掌握原始凭证的基本内容、填制方法及会计凭证传递程序。

（二）实训资料

滨江空调机厂为一家股份制企业（下同），增值税税率为13%。2024年4月份发生的有关经济业务如下：

1. 4月9日，签发转账支票一张，购入行政管理部门办公用品。[填写支票、签章、存根（留存）]

电子发票（增值税专用发票）　　发票号码：24312000000122110489

开票日期：2024年04月09日

购买方信息	名称：滨江空调机厂 统一社会信用代码/纳税人识别号： 91310102100120054A	销售方信息	名称：上海长宸办公设备有限公司 统一社会信用代码/纳税人识别号： 91131011463129413X

项目名称	规格型号	单位	数量	单价	金额	税率/征收率	税额
*纸制品*复印纸		箱	5	200.00	1 000.00	13%	130.00
合　计					¥1 000.00		¥130.00
价税合计（大写）	⊗壹仟壹佰叁拾元整				（小写）¥1 130.00		
备注							

开票人：韦丽

中国工商银行 转账支票存根（滨）

№00209231

附加信息

出票日期：　　年　　月　　日

收款人：	
金　额：	
用　途：	

单位主管　　　　会计

ICBC 中国工商银行　转账支票（滨）

№ 00209231

出票日期(大写)：　　年　　月　　日　　付款行名称：

收款人：　　出票人账号：

本支票付款期限十天

人民币（大写）	千	百	十	万	千	百	十	元	角	分

用途________　　密码________________

上列款项请从

我账户内支付

出票人签章　　　　复核　　记账　　验印

2. 4月14日，采用提货制销售产品一批，销售科业务员开出电子发票（增值税专用发票）。购货方采购员持发票到财务科，以转账支票办理货款结算，出纳员收取支票后，当日送存银行办理转账。（填写支票与进账单）

电子发票（增值税专用发票） 发票号码：24312000000122197528

（全国统一发票监制章 国家税务总局 滨江市税务局）

开票日期：2024年04月14日

购买方信息	名称：安庆石化总厂 统一社会信用代码/纳税人识别号： 91310112630784380A	销售方信息	名称：滨江空调机厂 统一社会信用代码/纳税人识别号： 91310102100120054A

项目名称	规格型号	单位	数量	单价	金额	税率/征收率	税额
*空调设备*风机	E-1	台	5	1 200.00	6 000.00	13%	780.00
合 计					¥6 000.00		¥780.00
价税合计（大写）	⊗陆仟柒佰捌拾元整				（小写）¥6 780.00		
备注							

开票人：王晖

中国工商银行 转账支票存根（滨）

№21136831

附加信息

出票日期： 年 月 日

收款人：	
金 额：	
用 途：	

单位主管 会计

ICBC 中国工商银行 转账支票（滨）

№ 21136831

本支票付款期限十天

出票日期（大写）： 年 月 日 付款行名称：

收款人： 出票人账号：

人民币（大写）	千	百	十	万	千	百	十	元	角	分

用途________ 密码________

上列款项请从

我账户内支付

出票人签章 （安庆石化总厂 财务专用章）（范明之印） 复核 记账 验印

ICBC 中国工商银行进账单（收账通知） 3

2024年4月14日 第25号

收款人	全 称		付款人	全 称	
	账 号			账 号	
	开户银行			开户银行	
金额	人民币（大写）			千 百 十 万 千 百 十 元 角 分	
票据种类		票据张数			
票据号码					
	复核 记账			收款人开户银行盖章	

（中国工商银行滨江分行十二支行 2024.04.14 转讫）

此联是收款人开户银行交给收款人的收账通知

注：进账单一式三联，第一联是银行交给收款人的回单，第二联由收款人开户银行作贷方凭证，第三联是收款人开户银行交给收款人的收账通知。

3. 4月20日，出纳员将多余库存现金3 500元送存银行，填写现金缴款单（面额100元30张、面额50元10张）。

ICBC 中国工商银行　**现金缴款单**（回单）　①

年　月　日

收款单位	全称				款项来源	
	账号		开户银行		交款单位	

人民币（大写）：	千	百	十	万	千	百	十	元	角	分

辅币	券别	伍角	壹角	伍分	壹分	收款员 收　讫 复核员
	张数					

主币	券别	壹佰元	伍拾元	壹拾元	伍　元	壹　元
	张数					

第一联　由银行盖章后退回单位

注：现金缴款单一式三联，第二联由收款人开户银行作贷方凭证，第三联出纳留存。

4. 4月26日，采购员张伟报销差旅费，原借款7 200元，余款退回，由出纳员开出收据一张，假设不考虑增值税抵扣。（填写收据）

差旅费报销单

2024年4月26日

姓名				张伟				出差事由			采购						
出发地				到达地				公出补助			车船飞机费	卧铺	住宿费	市内车费	邮电费	其他	合计金额
月	日	时	地点	月	日	时	地点	天数	标准	金额							
4	7		滨江	4	7		广州	16	50.00	800.00	1 900.00		1 600.00	400.00	100.00	240.00	5 040.00
4	23		广州	4	23		滨江				2 000.00						2 000.00
合计人民币（大写）：柒仟零肆拾元整																	¥7 040.00
备　注																	

附件10张

单位领导：刘　军　　财会主管：张　明　　公出人姓名：张　伟　　审核人：王　冰

收　据

年　月　日　　　第18号

今收到					
人民币（大写）				（小写）________	
事由：				现金	
				支票第　　号	
收款单位		财务主管		收款人	

第二联　记账凭证

注：收据一般一式三联，第一联为存根，第二联为记账凭证，第三联为收据。

5. 4月30日，按产品生产工时比例分配本月制造费用，编制制造费用分配表。本月“制造费用”账户借方发生额为15 000元，“E-1型风机”生产工时为2 000小时，“HB型百叶窗”生产工时为3 000小时。

制造费用分配表

车间： 年 月

分配对象	分配标准（ ）	分配率	分配金额

主管： 审核： 制表：

6. 4月30日，材料核算员根据本月领料凭证编制本月发料凭证汇总表。

领料单

领料单位：生产车间 编号：1850

用 途：生产风机 2024年4月6日 仓库：1号库

材料类别	材料编号	材料名称及规格	计量单位	数量		单价	金额
				请领	实领		
原料	030215	Ø25mm钢管	t	4	4	4 000.00	16 000.00
辅助材料	053311	机油	kg	3	2	515.00	1 030.00
合计							17 030.00

记账：王锐 发料：李平 领料部门负责人：郭峰 领料：刘晓东

领料单

领料单位：生产车间 编号：1851

用 途：生产百叶窗 2024年4月10日 仓库：1号库

材料类别	材料编号	材料名称及规格	计量单位	数量		单价	金额
				请领	实领		
原料	030211	Ø3mm铝材	t	2	2	23 000.00	46 000.00
辅助材料	053512	清洗剂	kg	6	6	120.00	720.00
合计							46 720.00

记账：王锐 发料：李平 领料部门负责人：郭峰 领料：刘晓东

领料单

领料单位：生产车间 编号：1852

用 途：机器日常修理 2024年4月15日 仓库：1号库

材料类别	材料编号	材料名称及规格	计量单位	数量		单价	金额
				请领	实领		
修理用备件	068573	螺丝	个	16	16	15.00	240.00

记账：王锐 发料：李平 领料部门负责人：郭峰 领料：刘晓东

领　料　单

领料单位：管理部门　　　　2024年4月17日　　　　编号：1853

用　　途：维修线路　　　　　　　　　　　　　　仓库：1号库

材料类别	材料编号	材料名称及规格	计量单位	数量 请领	数量 实领	单价	金额
辅助材料	053472	Ø3mm电缆	m	170	170	6.00	1 020.00

记账：王　锐　　发料：李　平　　领料部门负责人：刘　刚　　领料：牛丽杰

领　料　单

领料单位：生产车间　　　　2024年4月20日　　　　编号：1954

用　　途：生产百叶窗　　　　　　　　　　　　　仓库：2号库

材料类别	材料编号	材料名称及规格	计量单位	数量 请领	数量 实领	单价	金额
原　料	032564	钢　材	t	5	5	2 500	12 500.00
原　料	032873	钢　材	t	4	4	6 000	24 000.00
合　计							36 500.00

记账：王　锐　　发料：张　松　　领料部门负责人：郝　峰　　领料：刘晓东

领　料　单

领料单位：生产车间　　　　2024年4月23日　　　　编号：1921

用　　途：机器修理　　　　　　　　　　　　　　仓库：2号库

材料类别	材料编号	材料名称及规格	计量单位	数量 请领	数量 实领	单价	金额
修理用备件	067423	小型电机	台	1	1	1 500.00	1 500.00

记账：王　锐　　发料：张　松　　领料部门负责人：郝　峰　　领料：刘晓东

领　料　单

领料单位：管理部门　　　　2024年4月28日　　　　编号：1922

用　　途：维修线路　　　　　　　　　　　　　　仓库：2号库

材料类别	材料编号	材料名称及规格	计量单位	数量 请领	数量 实领	单价	金额
辅助材料	053211	铁　皮	m^2	10	10	86.00	860.00

记账：王　锐　　发料：张　松　　领料部门负责人：刘　刚　　领料：牛丽杰

限额领料单

领料单位：生产车间　　　　　　　　　　　　发料仓库：3号库
用　　途：生产风机　　　　　　　　　　　　编　　号：0021
计划产量：100台　　　　2024年4月　　　　　材料单价：13.50

材料类别	材料名称	规　格	计量单位	领用限额	全月实领
原材料	轴　承	6215型	个	450	450
领料日期	请领数量	实发数量	领料人签章	发料人签章	限额结余
4月5日	80	80	刘晓东	张　彬	370
4月10日	70	70	刘晓东	张　彬	300
4月15日	85	85	刘晓东	张　彬	215
4月20日	95	95	刘晓东	张　彬	120
4月25日	70	70	刘晓东	张　彬	50
4月28日	60	50	刘晓东	张　彬	0
合　计	460	450			

发料凭证汇总表

年　　月份

项　目	生　产　车　间		车间一般耗用	管理部门	合　计
	生产风机	生产百叶窗			
原料及主要材料					
辅助材料					
外购半成品					
修理用备件					
燃料					
合　计					

主管：　　　　　　　　审核：　　　　　　　　制表：

7. 月末，根据工资结算汇总表编制本月工资费用分配汇总表。

工资结算汇总表

2024年4月份

车间和部门	应付职工薪酬					代扣款项		实发金额
	月标准工资	经常性奖金	津贴补贴	缺勤扣发	应付工资合计	应交个人所得税	合计	
生产车间								
生产风机工人	158 500.00	14 800.00	11 500.00	1 260.00		6 560.00		
生产百叶窗工人	136 200.00	12 700.00	1 930.00	1 190.00		3 500.00		
车间管理人员	17 500.00	1 000.00	1 420.00	520.00		750.00		
厂部管理人员	37 850.00	2 450.00	1 280.00	1 240.00		200.00		
福利部门	12 870.00	1 315.00	1 130.00	—		150.00		
销售机构人员	15 000.00	1 420.00	1 170.00	430.00		300.00		
合　计								

主管：张　明　　　　　　审核：王　乔　　　　　　制表：李　芳

工资费用分配汇总表

年 月份

车间和部门		应借科目	应分配金额
生产车间			
	生产人员工资小计		
车间管理人员			
厂部管理人员			
福利部门			
销售机构人员			
合计			

主管： 审核： 制表：

（三）实训任务

1. 根据上述经济业务填制有关原始凭证。（要求内容完整、书写规范、签章齐全）
2. 说明各项经济业务分别应填制何种记账凭证，各应附哪些原始凭证。
3. 试说明各项经济业务中会计凭证传递的程序。

（四）实训指引

1. 对实训中涉及的银行转账结算方式、增值税的基本内容及会计处理，如基础会计中尚未学习，实训前指导教师应向学生作简要介绍（下同）。

2. 实训资料列示了7项经济业务的有关原始单据。实训中要求学生正确填制原始凭证，引导学生辨别各联单据的不同用途，使学生了解上列各项业务中会计凭证传递的一般程序。

3. 说明实训中涉及的支票、专用发票、收据等原始凭证应加盖的公章和名章，经办业务人员、会计人员签章可在实训三有关凭证中查找。

4. 实训中可以组织学生对会计机构设置、会计人员配备不同的企业，自行设计会计凭证传递程序。

5. 实训中3项要求可分别进行，实训时间约需60分钟。

（五）实训小结

序号	应填制的原始凭证	应填制的记账凭证	应作附件的原始凭证
1	根据发票填制转账支票	付款凭证	1. 发票 2. 支票存根
2			
3			
4			
5			
6			
7			
实训小结			

实训二　原始凭证的审核（课堂）

（一）实训目的

通过实训使学生掌握原始凭证的审核内容。

（二）实训资料

滨江空调机厂2024年4月份发生的6项经济业务涉及下列原始凭证：

1.采购员张宁4月10日赴上海参加商品交易会，4月1日填写借款单一份，预借差旅费。

借　　据

2024年4月1日　　　　第12号

借款单位	厂部			金额
人民币（大写）：×拾×万五仟零佰零拾零元零角零分				十 万 千 百 十 元 角 分 ¥ 5 0 0 0 0 0
借款事由： 公出。				
领导指示	财务负责人	借款单位负责人		借款人
刘军				张宁

滨江空调机厂 2024.04.01 现金付讫

2.4月3日，厂部车队队长持发票报销以现金支付的汽车标识费用。

电子发票（增值税专用发票）　发票号码：24312000000156524013

全国统一发票监制章 国家税务总局 滨江市税务局　　开票日期：2024年04月03日

购买方信息	名称：滨江空调机厂 统一社会信用代码/纳税人识别号： 91310102100120054A			销售方信息	名称： 统一社会信用代码/纳税人识别号：		
项目名称	规格型号	单位	数量	单价	金额	税率/征收率	税额
*技术服务*标牌		项	3	300.00	900.00	13%	117.00
*技术服务*车贴		项	2	97.50	195.00	13%	25.35
合　计					¥1 095.00		¥142.35
价税合计（大写）	⊗壹仟贰佰叁拾柒元叁角伍分整				（小写）¥1 237.35		
备注							

开票人：

3. 采购员张宁4月26日出差回厂报销差旅费。该厂财务管理制度规定，因公出差住宿标准为每人每日180元，伙食补助标准为每人每日20元，市内车费补助标准为每日50元。张宁根据有关原始单据填写差旅费报销单一张（附单据21张略）。（假设不考虑增值税抵扣）

差旅费报销单

单位　　　　　　　　　　　　　　　　2024年4月26日

姓名				张宁							出差事由		参加上海商品交易会			
出发地				到达地				公出补助			车船飞机费	卧铺	住宿费	市内车费	邮电费	其他	合计金额
月	日	时	地点	月	日	时	地点	天数	标准	金额							
4	5		哈尔滨	4	7		南京	2	20.00	40.00		520.00	560.00	40.00	10.22	公文包 400.00	1 570.22
4	9		南京	4	9		苏州	2	20.00	40.00	84.00		180.00	30.00	10.00		344.00
4	11		苏州	4	11		杭州	2	20.00	40.00	60.00		430.00	20.00	4.00		554.00
4	13		杭州	4	13		上海	3	20.00	60.00	66.00		600.00	60.00	10.00		796.00
4	16		上海	4	18		哈尔滨					480.00				样品 2 000.00	2 480.00
合计人民币（大写）伍仟玖佰肆拾肆元贰角贰分整																	¥5 944.22

附件21张

单位领导：　　财会主管：　　公出人姓名：张　宁　　审核人：

---

4. 办公室秘书凭收据报销支付给新华印刷厂的资料印刷费458元。

行政事业单位往来结算票据

收款日期：2024年4月28日　　　　№0089350

（印章：票证管理监制章）

交款单位：滨江空调机厂					支付方法	现金
人民币（大写）肆佰捌拾伍元整					千 百 十 万 千 百 十 元 角 分	¥ 4 5 8 0 0
收款事由：资料印刷费					收款部门	
					收款人员	
上述款项照数收讫无误 收款单位财会印鉴章	行政领导	会计主管	审核员	出纳员	交款人	
（印章：新华印刷厂 业务专用章）				张为	刘方	

第三联　此联给交款单位

5. 4月15日，由于排污被处罚款3 000元，环保站工作人员开来罚款收据一张。

收　　据

2024年4月15日　　　　第19号

今收到　滨江空调机厂					
人民币（大写）壹仟元			（小写）¥3 000.00		
事由：排污罚款。			现金		
			支票第　　号		
收款单位	滨江环保站 2024.04.15 现金收讫	财务主管	李娜	收款人	王平

第三联　收据

6. 4月5日，供应科业务人员购入办公用复印机一台交付使用，向财务部门提交电子发票（增值税专用发票），价税款尚未支付。

电子发票（增值税专用发票）　发票号码：24312000000156610490

开票日期：2024年04月05日

购买方信息　名称：滨江空调机厂 统一社会信用代码/纳税人识别号： 91310102100120054A	销售方信息　名称：上海长宸办公设备有限公司 统一社会信用代码/纳税人识别号： 91131011463129413X

项目名称	规格型号	单位	数量	单价	金额	税率/征收率	税额
*设备*激光复印机	IR2120S	台	1	4 957.32	4 957.32	13%	644.45
合　计					¥4 957.32		¥644.45
价税合计（大写）	⊗伍仟陆佰元壹元柒角柒分正				（小写）¥5 601.77		
备注							

开票人：韦丽

（三）实训任务

对上述经济业务的原始凭证进行审核，并指出所存在的问题。

（四）实训指引

1. 对原始凭证所记载的经济业务在内容上进行审核。检查各项经济业务在哪些方面违背了有关法规、政策、财经纪律、制度的规定，是否合理。

2. 对原始凭证的填写情况进行审核。检查项目填写是否完整，计算是否准确，手续是否完备。

3. 可分小组讨论，并以小组为单位由各组代表做出综合发言，对6项经济业务涉及的原始凭证提出审核意见。（指导老师可根据各组最后提出的审核报告，作为评定该组每一位学生此项实训成绩的标准，以培养学生团队协作能力）

4. 实训时间约需30分钟。

（五）实训小结

序号	审核内容	存在的问题	审核意见
1	借据		
2			
3			
4			
5			
6			
实训小结			

思政视频

警方破获虚开发票案

实训三　复式记账凭证的填制

（一）实训目的

通过实训使学生了解各种不同经济业务应填制的原始凭证，掌握复式记账凭证的填制方法。

（二）实训资料

滨江空调机厂（增值税一般纳税人企业）2024年4月21日至30日发生的部分经济业务及其原始凭证如下：

1. 4月21日，向银行借款，存入银行存款户。

借　款　借　据（代收账通知）

贷款日期　2024年4月21日

借款单位	滨江空调机厂	借款户账号	211040003-90
		存款户账号	211040003-91

人民币（大写）：贰拾万元整	万	千	百	十	万	千	百	十	元	角	分
			¥	2	0	0	0	0	0	0	0

借款种类	临时	约定还款日 2024年6月30日	利　率	10%
实际支款用途	购货	展期到期日　年　月　日	利　率	
借款单位预留财务专用章及法人代表签章 财务专用章		担保单位户名 担保单位账号 担保单位开户银行	担保单位公章 担保单位法人代表章 记账	

行长：赵　峰　　科（处）长：张　力　　信贷员：王　平

第四联　借款借据

（印章：滨江空调机厂 财务专用章；刘文军印；中国工商银行滨江分行十二支行 2024.04.21 转讫）

2. 4月21日，购入运输货车，已交付使用（增值税当月符合抵扣规定，已抵扣）。

中国工商银行（滨）
转账支票存根
№02834531

附加信息

出票日期：2024年4月21日

收款人：	龙华汽车制造厂
金　额：	¥226 000.00
用　途：	购货车款

单位主管　张　明　　会计　王　锐

电子发票（增值税专用发票）

发票号码：24312000000151428522

开票日期：2024年04月21日

购买方信息	名称：滨江空调机厂 统一社会信用代码/纳税人识别号： 91310102100120054A			销售方信息	名称：龙华汽车制造厂 统一社会信用代码/纳税人识别号： 92805032000210043A		
项目名称	规格型号	单位	数量	单价	金额	税率/征收率	税额
*设备*货车	G140	辆	1	200 000.00	200 000.00	13%	26 000.00
合　计					¥200 000.00		¥26 000.00
价税合计（大写）	⊗贰拾贰万陆仟元整				（小写）¥226 000.00		
备注							

开票人：王立

3. 4月21日，开出现金支票提取现金，以备零星使用。

中国工商银行（滨）
现金支票存根
№02009232

附加信息

出票日期：2024年4月21日

收款人：	张为
金　额：	¥2 000.00
用　途：	库存现金

单位主管　张　明　　会计　王　锐

4. 4月21日，开出转账支票支付电话费。

电子发票（普通发票）

发票号码：24312000000151424001

开票日期：2024年04月21日

购买方信息	名称：滨江空调机厂 统一社会信用代码/纳税人识别号： 91310102100120054A			销售方信息	名称：中国电信股份公司滨江分公司 统一社会信用代码/纳税人识别号： 910117MA1J4NPR0P12		
项目名称	规格型号	单位	数量	单价	金额	税率/征收率	税额
*电信服务*通信服务费		月	1	4 820.75	4 820.75	6%	289.25
合　计					¥4 820.75		¥289.25
价税合计（大写）	⊗伍仟壹佰壹拾元整				（小写）¥5 110.00		
备注							

开票人：张丽华

中国工商银行（滨）
转账支票存根
№02834532

附加信息

出票日期：2024年4月21日

收款人：	中国电信股份公司滨江分公司
金　额：	¥5 110.00
用　途：	电话费

单位主管 张明 会计 王锐

5. 4月22日，以现金购买办公用品，其中，生产车间使用120元，厂部使用180元。

电子发票（普通发票）

发票号码：24312000001221104909

开票日期：2024年04月22日

购买方信息：名称：滨江空调机厂　统一社会信用代码/纳税人识别号：91310102100120054A

销售方信息：名称：滨江新兴百货有限公司　统一社会信用代码/纳税人识别号：91316164694202765A

项目名称	规格型号	单位	数量	单价	金额	税率/征收率	税额
*纸制品*打印纸		批	2	145.63	291.26	3%	8.74
合　计					¥291.26		¥8.74
价税合计（大写）	⊗叁佰元整				（小写）¥300.00		
备注							

开票人：赵英

6. 4月22日，购入材料，验收入库。增值税当月符合抵扣规定，已抵扣。

电子发票（增值税专用发票）

发票号码：24312000000122110499

开票日期：2024年04月22日

购买方信息：名称：滨江空调机厂　统一社会信用代码/纳税人识别号：91310102100120054A

销售方信息：名称：东风铝业有限公司　统一社会信用代码/纳税人识别号：91810104694802866A

项目名称	规格型号	单位	数量	单价	金额	税率/征收率	税额
*有色金属压延材*铝板	Ø5mm	吨	10	20 000.00	200 000.00	13%	26 000.00
合　计					¥200 000.00		¥26 000.00
价税合计（大写）	⊗贰拾贰万陆仟元整				（小写）¥226 000.00		
备注							

开票人：王文

中国工商银行
转账支票存根（滨）
№02834533

附加信息 ______

出票日期：2024年4月22日

收款人：	东风铝业有限公司
金　额：	¥226 000.00
用　途：	购料款

单位主管 张 明　　会计 王 锐

收 料 单

编号：75483

供货单位：东风铝业有限公司　　2024年4月22日　　仓库：原料库

材料类别	材料编号	名称及规格	计量单位	数量		实际成本(元)			
				应收	实收	发票价格	采购费用	合计	单价
（略）	（略）	铝板Ø5mm	吨		10	200 000.00		200 000.00	20 000.00

二 财务联

财务主管：张 静　　供应科长：郭 峰　　仓库验收：李 平　　采购员：张 宁

---

7. 4月22日，银行结算第一季度银行贷款利息（假设各月均已计提利息）。

ICBC 中国工商银行 特种转账传票

2024年4月22日　　凭证编号0111

付款人			收款人		
全　称	滨江空调机厂		全　称	中国工商银行滨江分行十二支行	
账号或地址	211040003-91		账号或地址		
开户银行	工商行十二支行	行号 047	开户银行	工商行十二支行	行号 047

金额	人民币（大写）	百	十	万	千	百	十	元	角	分
	壹万贰仟元整		¥	1	2	0	0	0	0	0

原凭证金额		赔偿金		科　目（贷）：____
原凭证名称		号　码		对方科目（借）：____ 事后监督
转账原因	支付利息	银行盖章		复核　　记账

中国工商银行滨江分行十二支行 2024.04.22 转讫

企业入账联

8. 4月23日，销售产品，满足收入确认条件，代办托运已办妥托收手续。

电子发票（增值税专用发票）

发票号码：24312000000121545375

开票日期：2024年04月23日

购买方信息	销售方信息
名称：丰满发电厂 统一社会信用代码/纳税人识别号： 91283076573247832A	名称：滨江空调机厂 统一社会信用代码/纳税人识别号： 91310102100120054A

项目名称	规格型号	单位	数量	单价	金额	税率/征收率	税额
*空调设备*百叶窗	HB型	个	50	10 000.00	500 000.00	13%	65 000.00
合计					¥500 000.00		¥65 000.00
价税合计（大写）	⊗伍拾陆万伍仟元整				（小写）¥565 000.00		
备注							

开票人：王晖

电子发票（增值税专用发票）

货物运输服务

发票号码：24311000000039007205

开票日期：2024年04月23日

购买方信息	销售方信息
名称：丰满发电厂 统一社会信用代码/纳税人识别号： 91283076573247832A	名称：滨江铁路分局 统一社会信用代码/纳税人识别号： 91736283542153232A

项目名称	单位	数量	单价	金额	税率/征收率	税额
*运输服务*铁路货物运输服务	项	1	1 300.00	1 300.00	9%	117.00
合计				¥1 300.00		¥117.00

运输工具种类	运输工具牌号	起运地	到达地	运输货物名称
火车		滨江市	苏州市	百叶窗

价税合计（大写）	⊗壹仟肆佰壹拾柒元整	（小写）¥1 417.00
备注		

开票人：王小春

中国工商银行（滨）
转账支票存根
№02834544

附加信息

出票日期：2024年4月23日

收款人：	滨江铁路分局
金　额：	¥1 417.00
用　途：	代垫运费

单位主管 张明　会计 王锐

ICBC 中国工商银行　**托收承付结算凭证**（回单）　1

委托日期：2024年4月23日　　托收号码：287

收款人	全称	滨江空调机厂	付款人	全称	丰蒲发电厂
	账号	211040003-91		账号或地址	40500423
	开户银行	工商行十二支行		开户银行	工商行一支行
托收金额	人民币（大写）伍拾陆万陆仟肆佰壹拾柒元整			百十万千百十元角分	¥56641700
附寄单证张数	5	商品发运情况	铁运	合同名称号码	HB-005
备注	款项收妥日期　年　月　日		收款人开户银行盖章　2024年4月23日		

中国工商银行滨江分行十二支行 2024.04.23 托收专用章

此联是收款人开户银行给收款人的回单

9. 4月24日，销售废料一批，价款现金收讫。

电子发票（普通发票）　全国统一发票监制章 国家税务总局 滨江市税务局

发票号码：24312000000156683325

开票日期：2024年04月24日

购买方信息　名称：兴业福利厂 统一社会信用代码/纳税人识别号：919519528514864026	销售方信息　名称：滨江空调机厂 统一社会信用代码/纳税人识别号：91310102100120054A

项目名称	规格型号	单位	数量	单价	金额	税率/征收率	税额
*非金属矿物制品*废料		千克	1	567.96	567.96	3%	17.04
合　计					¥567.96		¥17.04
价税合计（大写）	⊗伍佰捌拾伍元整				（小写）¥585.00		
备注							

开票人：王晖

10. 4月24日，以现金支付律师代理费。

电子发票（普通发票）　全国统一发票监制章 国家税务总局 滨江市税务局

发票号码：24312000000104012915

开票日期：2024年04月24日

购买方信息　名称：滨江空调机厂 统一社会信用代码/纳税人识别号：91310102100120054A	销售方信息　名称：华亭律师事务所 统一社会信用代码/纳税人识别号：91310112425087498A

项目名称	规格型号	单位	数量	单价	金额	税率/征收率	税额
*现代服务*律师代理费		次	1	1 941.75	1 941.75	3%	58.25
合　计					¥1 941.75		¥58.25
价税合计（大写）	⊗贰仟元整				（小写）¥2 000.00		
备注							

开票人：曾黎萍

11. 4月25日，偿还上月购料款。

ICBC 中国工商银行　电汇凭证（回单）　1

委托日期：2024年4月25日

汇款人	全　称	滨江空调机厂		收款人	全　称	烟台钢材厂		此联是汇款人开户行给汇款人的回单
	账　号	211040003-91			账　号	22100743		
	汇出地点	××省滨江市	汇出行名称：工商行十二支行		汇入地点	山东省烟台市	汇入行名称：工商行烟台分行	
汇款金额	人民币（大写）叁拾万零陆仟元整					百十万千百十元角分	¥30600000	
汇款用途：支付前欠货款								
上列款项已根据委托办理，如需查询，请持此回单来行面洽				汇出行盖章		2024年4月25日		

（印章：中国工商银行滨江分行十二支行　2024.04.25　转讫）

12. 4月25日，以支票支付广告费，增值税当月符合抵扣规定，已抵扣。

电子发票（增值税专用发票）　发票号码：24312000000121548821

开票日期：2024年04月25日

（印章：全国统一发票监制章　国家税务总局　滨江市税务局）

购买方信息	名称：滨江空调机厂 统一社会信用代码/纳税人识别号： 91310102100120054A	销售方信息	名称：滨江电视广告公司 统一社会信用代码/纳税人识别号： 91810109607380828A

项目名称	规格型号	单位	数量	单价	金额	税率/征收率	税额
*现代服务*广告费		次	1	1 900.00	1 900.00	6%	114.00
合　计					¥ 1 900.00		¥ 114.00
价税合计（大写）	⊗贰仟零壹拾肆元整					（小写）	¥2 014.00
备注							

开票人：张红

中国工商银行　转账支票存根（滨）

№02834545

附加信息

出票日期：2024年4月25日

收款人：	滨江电视广告公司
金　额：	¥2 014.00
用　途：	广告费

单位主管　张明　　会计　王锐

13. 4月26日，职工交来现金，偿还家属急诊住院借款。

收　据

2024年4月26日　　　　第97号

今收到 职工李小波					
人民币（大写）伍佰元整				（小写）¥500.00	
事由：归还前欠家属急诊住院借款				现金 ✓	
				支票第　号	
收款单位	滨江空调机厂 2024.04.26 现金收讫	财务主管	张静	收款人	张为

第三联 收据

14. 4月26日，购入材料，验收入库，价款尚未支付。增值税当月符合抵扣规定，已抵扣。

电子发票（增值税专用发票）

发票号码：24312000000121738922

开票日期：2024年04月26日

（全国统一发票监制章 国家税务总局 滨江市税务局）

购买方信息	名称：滨江空调机厂 统一社会信用代码/纳税人识别号： 91310102100120054A	销售方信息	名称：滨江钢管厂 统一社会信用代码/纳税人识别号： 91210283100410251A

项目名称	规格型号	单位	数量	单价	金额	税率/征收率	税额
*黑色金属冶炼压延品*钢管	Ø3cm	吨	20	4 000.00	80 000.00	13%	10 400.00
合　计					¥80 000.00		¥10 400.00
价税合计（大写）	⊗玖万零肆佰元整				（小写）¥90 400.00		
备注							

开票人：张英

材料入库通知单

№87560

滨江空调机厂　　2024年4月26日　　金额单位：元

材料名称	材质	规格	单位	数量		单价	金额	运杂费	金额合计	发货单位
				凭证	实收					
钢管		Ø3cm	t		20	4 000	80 000.00		80 000.00	滨江钢管厂

财务主管：张静　　供应科长：郝峰　　仓库验收：李平　　采购员：张宁

第二联 记账联

15. 4月27日，收回购货单位前欠销货款。

ICBC 中国工商银行 托收承付结算凭证（收账通知）　4

托收号码：287

承付期限	
到期时间	2024年4月29日

委托日期：2024年4月27日

收款人	全　称	滨江空调机厂	付款人	全　称	丰满发电厂
	账　号	211040003-91		账号或地址	40500423
	开户银行	工商行十二支行		开户银行	工商行一支行
委托收款金额	人民币（大写）	伍拾陆万陆仟肆佰壹拾柒元整		百十万千百十元角分	¥56641700
附寄单证张数	3	商品发运情况	铁运	合同名称号码	HB-005
备注：	款项收妥日期　年　月　日		收款人开户银行盖章　年　月　日		

中国工商银行滨江分行十二支行 2024.04.27 转讫

此联是收款人开户银行在款项收妥后给收款人的收账通知

16. 4月28日，购买支票簿，工本费为50元。

ICBC 中国工商银行（　　）工本费、手续费收费凭证（付款通知）④

2024年4月28日

付款人名称	滨江空调机厂				账号	211040003-91
凭证名称	凭证起讫号码	数量	手续费单价	工本费单价	结算方式	2-转账
支票簿		1		50.00	此款项已从您账户转讫。	
手续费金额小计		工本费金额小计	50.00		银行盖章	
合计金额	人民币（大写）伍拾元整				（小写）¥50.00	

中国工商银行滨江分行十二支行 2024.04.28 转讫

此联是给付款人的付款通知

17. 4月30日，以现金支付厂部验车费100元。

电子发票（增值税专用发票）　发票号码：24312000000156620659

开票日期：2024年04月30日

全国统一发票监制章　国家税务总局　滨江市税务局

购买方信息　名称：滨江空调机厂 统一社会信用代码/纳税人识别号： 91310102100120054A	销售方信息　名称：滨江闵行机动车检测维修服务有限公司 统一社会信用代码/纳税人识别号： 91310112133391391A

项目名称	规格型号	单位	数量	单价	金额	税率/征收率	税额
*现代服务*检车费		次	1	943.40	943.40	6%	56.60
合　计					¥943.40		¥56.60
价税合计（大写）	⊗壹仟元整				（小写）¥1 000.00		
备注							

开票人：赵敏

18. 4月30日，以银行存款支付办公大楼地板维修费，增值税当月符合抵扣规定，已抵扣。

电子发票（增值税专用发票）　发票号码：24312000000156611791

开票日期：2024年04月30日

购买方信息	名称：滨江空调机厂 统一社会信用代码/纳税人识别号： 91310102100120054A	销售方信息	名称：诚臻建筑装饰工程有限公司 统一社会信用代码/纳税人识别号： 91310226763306390A

项目名称	规格型号	单位	数量	单价	金额	税率/征收率	税额
*现代服务*地板维修费		次	1	40 000.00	40 000.00	9%	3 600.00
合　计					¥40 000.00		¥3 600.00
价税合计（大写）	⊗肆万叁仟陆佰元整				（小写）¥43 600.00		
备注							

开票人：戴瑛瑛

中国工商银行（滨）
转账支票存根
№02834534

附加信息

出票日期：2024年4月30日

收款人：	诚臻建筑装饰工程有限公司
金　额：	¥43 600.00
用　途：	地板维修费

单位主管　张　明　　会计　王　锐

---

19. 4月30日，分配结转本月发出材料成本。

滨江空调机厂发料凭证汇总表

编号：04

2024年4月30日

单位：元

日　期	领料单张数	贷方科目	借方科目				
			生产成本	制造费用	管理费用	其他业务成本	合　计
1—10日	8	原材料	250 000.00	2 000.00	2 000.00		254 000.00
11—20日	5	原材料	230 000.00	1 000.00			231 000.00
21—30日	6	原材料	315 700.00	500.00		300.00	316 500.00
			（HB型百叶窗 515 000 E-1型风机 280 700）				
合　计			795 700.00	3 500.00	2 000.00	300.00	801 500.00

主管：张　静　　记账：王　锐　　审核：王　齐　　填制：李　芳

20. 4月30日，计算结转本月应付工资费用。

工资费用分配汇总表

2024年4月30日　　单位：元

车间、部门		应借科目	应分配金额
车间生产人员工资	生产HB型百叶窗工人	生产成本	60 000.00
	生产E-1型风机工人	生产成本	40 000.00
	生产人员工资小计		100 000.00
车间管理人员		制造费用	18 200.00
厂部管理人员		管理费用	27 400.00
专设销售机构人员		销售费用	12 800.00
合　计			158 400.00

主管：张　静　　审核：王　齐　　制表：王　锐

21. 4月30日，计提本月固定资产折旧。

固定资产折旧计算表

2024年4月30日　　单位：元

使用单位部门	上月固定资产折旧额	上月增加固定资产应计提折旧额	上月减少固定资产应计提折旧额	本月应计提的折旧额
生产车间	38 000.00	1 000.00		39 000.00
厂　部	13 000.00		500.00	12 500.00
合　计	51 000.00	1 000.00	500.00	51 500.00

主管：张　静　　审核：王　齐　　制表：王　锐

22. 4月30日，计提本月应付费用。

应付费用计提表

2024年4月30日　　单位：元

项目 / 用途	短期借款利息	城市维护建设税	教育费附加	地方教育附加	合　计
生产经营	5 000.00	4 200.00	1 800.00	1 200.00	12 200.00

主管：张　静　　审核：王　齐　　制表：王　锐

23. 4月30日，分摊已预付应由本期负担的费用。

预付费用分配表

2024年4月30日　　金额单位：元

项目 / 车间、部门	财产保险费			报纸杂志费		
	实际支付	分摊期	本期分摊	实际支付	分摊期	本期计提
生产车间	9 000.00	3	3 000.00	1 200.00	12	100.00
厂　部	6 000.00	3	2 000.00	3 600.00	12	300.00
合　计	15 000.00	—	5 000.00	4 800.00	12	400.00

主管：张　静　　审核：王　齐　　制表：王　锐

24. 4月30日，分配结转本月制造费用。

制造费用分配表

车间：生产车间　　2024年4月30日　　金额单位：元

分配对象	分配标准（生产工人工资）	分配率	分配金额
HB型百叶窗	60 000.00		80 688.00
E-1型风机	40 000.00		53 792.00
合计	100 000.00	1.3448	134 480.00

主管：张静　　审核：王齐　　制表：王锐

25. 4月30日，结转生产完工验收入库产品成本。

完工产品成本计算表

2024年4月30日　　金额单位：元

成本项目	E-1型风机（500台）		HB型百叶窗（80个）	
	总成本	单位成本	总成本	单位成本
直接材料	210 000.00	420.00	480 000.00	6 000.00
直接人工	50 000.00	100.00	72 000.00	900.00
其他直接支出		—		—
制造费用	80 000.00	160.00	88 000.00	1 100.00
合计	340 000.00	680.00	640 000.00	8 000.00

主管：张静　　审核：王齐　　制表：王锐

26. 4月30日，结转本月已销产品生产成本。

滨江空调机厂产品出库单

收货单位：略　　2024年4月30日　　金额单位：元

货号	名称及规格	单位	数量	单价	金额	备注
HB型	百叶窗	个	60	8 200.00	492 000.00	
E-1型	风机	台	150	700.00	105 000.00	
合计					597 000.00	

主管：张静　　审核：王齐　　制表：王锐

已销产品成本计算表

2024年4月30日　　金额单位：元

产品名称	计量单位	月初结存		本月入库		本月销售	
		数量	总成本	数量	总成本	数量	总成本
E-1型百叶窗	个			80	640 000.00	60	492 000.00
HB型风机	台			500	340 000.00	150	105 000.00
合计			2 382 720.00	—	980 000.00	—	597 000.00

主管：张静　　审核：王齐　　制表：王锐

（三）实训任务

1.根据各项经济业务的原始凭证，分别编制复式记账凭证。

2.将填制的记账凭证及所附原始凭证装订成册。

（四）实训指引

1.在填制记账凭证之前，应根据原始凭证详细填写各项经济业务的发生情况，明确记账凭证各项目应填写的内容。

2.填制记账凭证时注意，增值税普通发票税金不允许抵扣（下同）。

3.截至4月20日，各类记账凭证的编号分别为：现收38号，银收53号，现付72号，银付67号，转19号，总字249号。

4.实训时间约需200分钟。

5.本项实训需收款凭证4张，付款凭证13张，转账凭证12张，会计凭证装订封皮1张。

（五）实训小结

序号	经济业务内容	复式记账凭证			应附原始凭证
		收款凭证	付款凭证	转账凭证	
1	向银行借款	√			借款借据
2					
3					
4					
5					
6					
7					
8					
9					
10					
11					
12					
13					
14					
15					
16					
17					
18					
19					
20					
21					
22					
23					
24					
25					
26					
实训小结					

实训四　单式记账凭证的填制

（一）实训目的

通过实训使学生了解单式记账凭证的填制方法。

（二）实训资料

滨江空调机厂4月21日—30日发生的部分经济业务及其原始凭证见实训三。

（三）实训任务

1.根据各项经济业务的原始凭证分别填制单式记账凭证。

2.将填制的记账凭证及所附原始凭证装订成册。

（四）实训指引

1.本项实训可将实训三发生的经济业务及其原始凭证复印后进行。

2.单式记账凭证统一编号，截至4月20日的编号假设为725号。

3.实训时间约需100分钟。

4.单式记账凭证可采用通用格式，共需87张。

5.引导学生思考原始记账凭证如何附于单式记账凭证后，有哪些方法既便于管理，又便于分工记账。

实训五　记账凭证的审核（课堂）

（一）实训目的

通过实训使学生初步掌握记账凭证的审核内容。

（二）实训资料

滨江空调机厂2024年4月5日发生的经济业务的原始凭证经审核无误，该厂会计人员根据原始凭证填制的记账凭证及所附原始凭证如下：

1.将现金存入银行存款户。

收　款　凭　证

总　字 32号

借方科目：银行存款　　　　2024年 4月 5日　　　　银收字 20号

摘要	贷方科目		金额									记账
	总账科目	明细科目	百	十	万	千	百	十	元	角	分	
存入现金	库存现金	人民币户				3	0	0	0	0	0	
						3	0	0	0	0	0	
合　计						6	0	0	0	0	0	

附件 1 张

会计主管：　　复核：　　记账：　　出纳：　　制单：

ICBC 中国工商银行　现金缴款单（回单）①

2024年 4月 5日

收款单位	全称	滨江空调机厂		款项来源	零星销货款
	账号	211040003-91	开户银行　工商行十二支行	交款单位	

人民币（大写）	千	百	十	万	千	百	十	元	角	分
叁仟元整				¥	3	0	0	0	0	0

辅币	券别	伍角	壹角	伍分	壹分	收款员
	张数					收讫　赵红 复核员
主币	券别	壹佰元	伍拾元	壹拾元	伍元	壹元
	张数	20	10	50		

中国工商银行滨江分行十二支行 2024.04.05 转讫

第一联 由银行盖章后退回单位

2.购入材料，尚未到达。增值税符合抵扣规定，已抵扣。

付 款 凭 证

总 字33号

贷方科目：银行存款 2024年4月10日 银付字25号

摘要	借方科目		金额									记账
	总账科目	明细科目	百	十	万	千	百	十	元	角	分	
购入钢管	在途物资	Ø25mm钢管			6	7	1	8	0	0	0	
	应交税费	应交增值税						3	6	0	0	
合 计					6	7	2	1	6	0	0	

附件 张

会计主管： 复核： 记账： 出纳： 制单：

转 账 凭 证

总字34号

2024年4月10日 转字4号

摘要	总账科目	明细科目	借方金额									贷方金额									记账
			百	十	万	千	百	十	元	角	分	百	十	万	千	百	十	元	角	分	
结转入库钢管实际成本	在途物资	Ø25mm钢管			6	7	1	8	0	0	0										
	原材料	Ø25mm钢管												6	7	1	8	0	0	0	
合 计																					

附件 张

会计主管： 复核： 记账： 制单：

电子发票（增值税专用发票）

发票号码：24312000000103472939

开票日期：2024年04月10日

购买方信息	销售方信息
名称：滨江空调机厂 统一社会信用代码/纳税人识别号： 91310102100120054A	名称：苏滨乡镇钢管厂 统一社会信用代码/纳税人识别号： 91246900382001120A

项目名称	规格型号	单位	数量	单价	金额	税率/征收率	税额
*黑色金属冶炼压延品*钢管	Ø25mm	吨	10	5 909.74	59 097.35	13%	7 682.65
合 计					¥59 097.35		¥7 682.65
价税合计（大写）	⊗陆万陆仟柒佰捌拾元整				（小写）¥66 780.00		
备注							

开票人：张瑞

货物运输服务

电子发票（增值税专用发票）

发票号码：24311000000039004866

开票日期：2024年04月10日

（印章：全国统一发票监制章 国家税务总局 苏州市税务局）

购买方信息	名称：滨江空调机厂 统一社会信用代码/纳税人识别号： 91310102100120054A	销售方信息	名称：苏州铁路分局 统一社会信用代码/纳税人识别号： 91239463875112731A

项目名称	单位	数量	单价	金额	税率/征收率	税额
*运输服务*铁路货物运输服务	吨	10	40.00	400.00	9%	36.00
合计				¥400.00		¥36.00

运输工具种类	运输工具牌号	起运地	到达地	运输货物名称
火车		苏州市	滨江市	钢管

价税合计（大写）	⊗肆佰叁拾陆元整	（小写）¥436.00
备注		

开票人：张兴亚

ICBC 中国工商银行托收承付结算凭证（支款通知） 5

委托日期：2024年4月5日　　托收号码：3854

收款人	全称	苏滨乡镇钢管厂	付款人	全称	滨江空调机厂
	账号	300540002		账号或地址	211040003-91
	开户银行	工商行苏州东京路支行		开户银行	工商行十二支行

托收金额	人民币（大写）陆万柒仟贰佰壹拾陆元整	百	十	万	千	百	十	元	角	分
			¥	6	7	2	1	6	0	0

附件		商品发运情况	合同名称号码
附寄单证张数	3	铁运	HF-178
备注		上列托收款项如超过承付期限并未拒付即视同全部承付。	付款单位开户银行盖章 年 月 日

（印章：中国工商银行滨江分行十二支行 2024.04.05 转讫）

此联是付款人开户银行通知付款人按期承付货款的支款通知

3.计算结转应付本月电费。

转 账 凭 证

2024年4月30日　　总字287号　转字46号

摘要	总账科目	明细科目	借方金额 千	百	十	万	千	百	十	元	角	分	贷方金额 千	百	十	万	千	百	十	元	角	分	记账符号
分配结转本月应付电费	生产成本					2	5	2	0	0	0	0											
		燃料及动力费				2	4	0	0	0	0	0											
		制造费用					1	2	0	0	0	0											
	管理费用	水电费					3	6	0	0	0	0											
	应付账款	电费														2	8	8	0	0	0	0	
合计																							

附件1张

会计主管：　　记账：　　复核：　　制单：

应付电费分配表

2024年4月30日　　　　　　　　　　　　　　　　　　单位：元

分配对象		分配标准（机器工时）	分配率	耗电度数	单　价	金额
生产产品耗用	HB型百叶窗	14 000	1			14 000.00
	E-1型风机	10 000	1			10 000.00
	小　计	24 000	1	40 000	0.60	24 000.00
车间一般耗用				2 000	0.60	1 200.00
厂部一般耗用				6 000	0.60	3 600.00
合　计						28 800.00

主管：张明　　　　　　审核：略　　　　　　制表：王锐

（三）实训任务

对上述经济业务的记账凭证进行审核，并指出所存在的问题。

（四）实训指引

1.实训中应审核记账凭证与原始凭证是否相符，项目填写是否齐全，会计科目名称、方向、金额是否正确，签章是否齐全。

2.通过第2笔经济业务的审核，指导教师应向学生说明记账凭证审核的重要意义。

3.实训时间约需20分钟。

4.思考：填制不同格式的通用记账凭证应注意什么？

（五）实训小结

序号	审核内容	存在的问题	审核意见
1			
2			
3			
实训小结			

实训六　日记账的登记

（一）实训目的

通过实训使学生掌握三栏式库存现金日记账、银行存款日记账的登记方法。

（二）实训资料

1.滨江空调机厂2024年4月1日—20日库存现金日记账、银行存款日记账本期发生额及期末余额如下：

库存现金日记账

单位：元

2024年		记账凭证号数	摘要	对应科目	借方											贷方											核对号	借或贷	余额										
月	日				亿	千	百	十	万	千	百	十	元	角	分	亿	千	百	十	万	千	百	十	元	角	分			亿	千	百	十	万	千	百	十	元	角	分
4	20		1日—20日							2	4	0	0	0	0						3	8	0	0	0	0		借						1	5	0	0	0	0

银行存款日记账

单位：元

2024年		记账凭证号数	摘要	对应科目	借方											贷方											核对号	借或贷	余额										
月	日				亿	千	百	十	万	千	百	十	元	角	分	亿	千	百	十	万	千	百	十	元	角	分			亿	千	百	十	万	千	百	十	元	角	分
4	20		1日—20日					4	8	3	1	0	0	0	0				3	0	7	5	0	0	0	0		借				8	7	2	2	4	0	0	0

2. 4月21日—30日发生的有关经济业务及其原始凭证、记账凭证见实训三。

（三）实训任务

根据实训三编制的有关收付款凭证，逐日逐笔登记库存现金日记账和银行存款日记账，并进行日结和月结。

（四）实训指引

1. 登记账簿前要求学生对编制的收付款凭证交换审核，以确保账簿登记的准确性。

2. 登记账簿时应参考第一编中的“会计账簿登记规范”，明确账簿登记的基本要求，做到按规则登记账簿。

3. 实训时间约需30分钟。

4. 本项实训需三栏式账页2张。在账页上分别开设库存现金日记账、银行存款日记账，并将1日至20日的汇总资料抄写到日记账上。

视频

会计账簿设置

实务操作演示

三栏式明细账簿登记

（五）实训小结

登记方法	
存在的问题	
启示与思考	

实训七　永续盘存制、存货总分类账户与明细账户的平行登记

（一）实训目的

通过实训使学生掌握永续盘存制下存货明细分类账的登记方法，明确总分类账户与所属明细分类账户之间平行登记的关系。

（二）实训资料

滨江空调机厂对材料采用永续盘存制，按实际成本计价核算，耗用材料和期末材料成本按移动加权平均法计算。材料按品种设置明细账，增值税均已于当月认证抵扣。

1. 2024年8月份铝材、钢管、轴承三种材料明细分类账户的期初余额情况见“原材料”明细分类账户期初余额表（假设该企业8月初库存仅有3种材料）。

“原材料”明细分类账户期初余额表

2024年8月1日　　　　金额单位：元

品　名	计量单位	规　格	数　量	单　价	金　额
铝　材	t	Ø3mm	10	23 500	235 000
钢　管	t	Ø25mm	24	4 500	108 000
轴　承	套	6215型	1 000	12	12 000
合　计	—		—		355 000

2.2024年8月份材料收发情况的原始凭证如下：

（1）8月4日，生产E-1型风机领用铝材6吨。

领　料　单

领料单位：生产车间　　　　编号：85463

用　　途：生产E-1型风机　　2024年8月4日　　仓库：1号库

材料类别	材料编号	材料名称及规格	计量单位	数量：请领	数量：实领	单　价	金　额
原料及主要材料		铝材Ø3mm	t	6	6		
合　计							

第二联　记账联

记账：王　锐　　发料：李　平　　领料部门负责人：郭　峰　　领料：刘晓东

（2）8月8日，购入钢管，验收入库。

电子发票（增值税专用发票）　发票号码：24312000000156617582

开票日期：2024年08月04日

购买方信息	名称：滨江空调机厂 统一社会信用代码/纳税人识别号： 91310102100120054A	销售方信息	名称：海东钢管厂 统一社会信用代码/纳税人识别号： 91430502100435221A

项目名称	规格型号	单位	数量	单价	金额	税率/征收率	税额
*黑色金属冶炼压延品*钢管	Ø25mm	吨	8	4 000.00	32 000.00	13%	4 160.00
合　计					¥32 000.00		¥4 160.00
价税合计（大写）	⊗叁万陆仟壹佰陆拾元整				（小写）¥36 160.00		
备注							

开票人：李芳

电子发票（增值税专用发票）　发票号码：24311000000039005977

货物运输服务

开票日期：2024年08月04日

购买方信息	名称：滨江空调机厂 统一社会信用代码/纳税人识别号： 91310102100120054A	销售方信息	名称：上海铁路分局 统一社会信用代码/纳税人识别号： 91263842758364123A

项目名称	单位	数量	单价	金额	税率/征收率	税额
*铁路运输*铁路货物运输服务	吨	8	75.00	600.00	9%	54.00
合　计				¥600.00		¥54.00

运输工具种类	运输工具牌号	起运地	到达地	运输货物名称
火车		上海市	滨江市	钢管
价税合计（大写）	⊗陆佰伍拾肆元整		（小写）¥654.00	
备注				

开票人：张丽亚

电子发票（增值税专用发票）　发票号码：24312000000156615978

开票日期：2024年08月04日

购买方信息	名称：滨江空调机厂 统一社会信用代码/纳税人识别号： 91310102100120054A	销售方信息	名称：上海铁路分局 统一社会信用代码/纳税人识别号： 91263842758364123A

项目名称	规格型号	单位	数量	单价	金额	税率/征收率	税额
*物流辅助服务*装卸费		次	1	245.28	245.28	6%	14.72
合　计					¥245.28		¥14.72
价税合计（大写）	⊗贰佰陆拾元整				（小写）¥260.00		
备注							

开票人：张丽亚

ICBC 中国工商银行　电汇凭证（回单）　1

委托日期：2024年8月8日

汇款人	全　称	滨江空调机厂		收款人	全　称	海东钢管厂	
	账　号 或住址	211040003-91			账　号 或住址	240120241	
	汇　出 地　点	滨江市	汇出行名称：工商行十二支行		汇　入 地　点	上海市	汇入行名称：工商行十支行
汇款金额	人民币（大写）	叁万柒仟零柒拾肆元整				百十万千百十元角分	¥ 3 7 0 7 4 0 0
汇款用途：购货款				汇出行盖章		2024年8月8日	
上列款项已根据委托办理，如需查询，请持此回单来行面洽							

中国工商银行滨江分行十二支行　2024.08.08　转讫

此联是汇款人开户行给汇款人的回单

材料入库通知单

№99864

滨江空调机厂　　2024年8月8日　　单位：元

材料名称	材质	规　格	单位	数量 凭证	数量 实收	单　价	金　额	运杂费	金额合计	发货单位
钢管		Ø25mm	t	8	8	4 000.00	32 000.00	845.28	32 845.28	海东钢管厂

第二联　记账联

财务主管：张　静　　供应科长：郭　峰　　仓库验收：李　平　　采购员：张　宁

（3）8月17日，购入铝材，验收入库。

电子发票（增值税专用发票）

货物运输服务

发票号码：24211000000039092001

开票日期：2024年08月10日

国家税务总局　大连市税务局

购买方信息	销售方信息
名称：滨江空调机厂 统一社会信用代码/纳税人识别号： 91310102100120054A	名称：大连速达物流公司 统一社会信用代码/纳税人识别号： 912102831003100111

项目名称	单位	数量	单价	金额	税率/征收率	税额
*运输服务*陆路货物运输服务	吨	5	140.00	700.00	9%	63.00
合　计				¥700.00		¥63.00

运输工具种类	运输工具牌号	起运地	到达地	运输货物名称
汽车	辽B3R227	大连市	滨江市	铝材

价税合计（大写）	⊗柒佰陆拾叁元整	（小写）¥763.00
备注		

开票人：张铁

电子发票（增值税专用发票）

发票号码：24211000500034008202

开票日期：2024年08月10日

购买方信息	名称：滨江空调机厂 统一社会信用代码/纳税人识别号： 91310102100120054A	销售方信息	名称：大连黄海铝加工厂 统一社会信用代码/纳税人识别号： 91210283100310361A

项目名称	规格型号	单位	数量	单价	金额	税率/征收率	税额
*有色金属压延材*铝材	Ø3mm	吨	5	23 000.00	115 000.00	13%	14 950.00
合　计					¥115 000.00		¥14 950.00
价税合计（大写）	⊗壹拾贰万玖仟玖佰伍拾元整				（小写）¥129 950.00		
备注							

开票人：李兰

ICBC 中国工商银行 托收承付结算凭证（支款通知） 5

委托日期：2024年8月16日　　托收号码：894

收款人	全　称	大连黄海铝加工厂	付款人	全　称	滨江空调机厂
	账　号	240120123		账号或地址	211040003—91
	开户银行	工商行一分行		开户银行	工商行十二支行
托收金额	人民币（大写）壹拾叁万零柒佰壹拾叁元整			百十万千百十元角分	¥13071300
附　件		商品发运情况		合同名称号码	
附寄单证张数	3	汽运		24—13	
备注： （电　划）	上列托收款项如超过承付期限并未拒付时即视同全部承付			付款单位开户银行盖章 中国工商银行滨江分行十二支行 2024.08.16 转讫 年　月　日	

此联是付款人开户银行通知付款人按期承付货款的支款通知

材料入库通知单

№99865

滨江空调机厂　　2024年8月17日　　金额单位：元

材料名称	材质	规格	单位	数量 凭证	数量 实收	单价	金额	运杂费	金额合计	发货单位
铝材		Ø3mm	t	5	5	23 000.00	115 000.00	700.00	115 700.00	大连黄海铝加工厂

第二联 记账联

财务主管：张静　供应科长：郭峰　仓库验收：李平　采购员：张宁

（4）8月23日，生产HB型百叶窗领用钢管。

领 料 单

领料单位：生产车间　　　　编号：99868

用　　途：生产HB型百叶窗　　2024年8月23日　　仓库：1号库

材料类别	材料编号	材料名称及规格	计量单位	数量 请领	数量 实领	单价	金额
原料及主要材料		钢管Ø25mm	t	10	10		
合计							

第二联 记账联

记账：王锐　　发料：李平　　领料部门负责人：郭峰　　领料：刘晓东

（5）8月28日，购入轴承，验收入库。

电子发票（增值税专用发票）

发票号码：24312000000106033328

开票日期：2024年08月28日

购买方信息　名称：滨江空调机厂　统一社会信用代码/纳税人识别号：91310102100120054A

销售方信息　名称：松北轴承厂　统一社会信用代码/纳税人识别号：91320503100436281A

项目名称	规格型号	单位	数量	单价	金额	税率/征收率	税额
*黑色金属冶炼压延品*轴承	6215型	套	500	13.20	6 600.00	13%	858.00
合计					¥6 600.00		¥858.00

价税合计（大写）　⊗柒仟肆佰伍拾捌元整　（小写）¥7 458.00

备注

开票人：王芳

中国工商银行（滨）
转账支票存根
№03530611

附加信息

出票日期：2024年8月28日

收款人：	松北轴承厂
金　额：	¥7 458.00
用　途：	购料款

单位主管　张明　　会计　王锐

材料入库通知单

№99866

滨江空调机厂　　2024年8月28日　　单位：元

材料名称	材质	规格	单位	数量		单价	金额	运杂费	金额合计	发货单位
				凭证	实收					
轴承		6215型	套	500	500	13.20	6 600.00		6 600.00	杉北轴承厂

第二联　记账联

财务主管：张　静　　供应科长：郭　峰　　仓库验收：李　平　　采购员：张　宁

（三）实训任务

1. 根据有关原始凭证分别编制记账凭证。

2. 根据记账凭证及收发料原始凭证登记“原材料”总分类账户及所属明细分类账户，并进行期末结账。

3. 编制“原材料”明细分类账户本期发生额及余额表，检查“原材料”总分类账户与所属明细分类账户是否相符。

（四）实训指引

1. 材料按实际成本计价核算（采用先进先出法），设置“在途物资”科目。

2. 将原始凭证附在编制的记账凭证后面。原材料总分类账户根据记账凭证逐笔登记，明细分类账户根据记账凭证及原始凭证逐笔登记。

3. 实训时间约需30分钟。

4. 本实训需付款凭证3张、转账凭证5张；三栏式总分类账页1张，数量金额式账页3张。

视频　会计账簿登记

实务操作演示　多栏式明细账簿登记

实务操作演示　总分类账——逐笔登记法

（五）实训小结

<table>
<tr><td rowspan="2">学习要点</td><td>永续盘存制</td><td colspan="4"></td></tr>
<tr><td>平行登记</td><td colspan="4"></td></tr>
<tr><td colspan="2" rowspan="6">会计凭证</td><td colspan="2">经济业务</td><td>记账凭证</td><td>应附原始凭证</td></tr>
<tr><td>1</td><td>领用材料</td><td>转账凭证</td><td>领料单</td></tr>
<tr><td>2</td><td></td><td></td><td></td></tr>
<tr><td>3</td><td></td><td></td><td></td></tr>
<tr><td>4</td><td></td><td></td><td></td></tr>
<tr><td>5</td><td></td><td></td><td></td></tr>
<tr><td rowspan="4">会计账簿</td><td>类型</td><td colspan="3">总分类账户</td><td>明细分类账户</td></tr>
<tr><td>设置</td><td colspan="3">开设三栏金额式账页</td><td>开设数量单价金额式明细账</td></tr>
<tr><td>登记</td><td colspan="3"></td><td></td></tr>
<tr><td>试算</td><td colspan="3"></td><td></td></tr>
<tr><td colspan="2">实训小结</td><td colspan="4"></td></tr>
</table>

实训八　错账更正

（一）实训目的

通过实训使学生掌握错账更正方法。

（二）实训资料

滨江空调机厂2024年6月份“管理费用”总分类账户登记情况见119页的“总分类账户”；其中有5笔经济业务的原始凭证及其记账凭证填制情况如下：

1. 支付下半年厂部财产保险费。

付　款　凭　证

总　字20号

贷方科目：银行存款　　　　2024年6月10日　　　　银付字14号

摘要	借方科目		金额									记账
	总账科目	明细科目	百	十	万	千	百	十	元	角	分	
支付厂部财产保险费	管理费用	财产保险费				6	0	0	0	0	0	
合　计					¥	6	0	0	0	0	0	

附件2张

滨江空调机厂　2024.06.10　转账付讫

会计主管：张静　　记账：王锐　　复核：杨艳　　出纳：张磊　　制单：李丹

电子发票（普通发票）

全国统一发票监制章　国家税务总局　滨江市税务局

发票号码：24312000000137426900

开票日期：2024年06月03日

购买方信息		销售方信息	
名称：滨江空调机厂		名称：中国人民保险公司滨江分公司	
统一社会信用代码/纳税人识别号：91310102100120054A		统一社会信用代码/纳税人识别号：74194872CDMA896876	

项目名称	规格型号	单位	数量	单价	金额	税率/征收率	税额
*现代服务*财产保险	7—12月				5 660.38	6%	339.62
合　计					¥5 660.38		¥339.62
价税合计（大写）	⊗陆仟元整				（小写）¥6 000.00		
备注							

开票人：张娟娟

中国工商银行
转账支票存根（滨）
№00283456

附加信息
出票日期：2024年6月4日
收款人：中国人民保险公司滨江分公司
金　额：¥6 000.00
用　途：保险费
单位主管　张明　　会计　王锐

2. 以现金报销书刊费。

付　款　凭　证

贷方科目：库存现金　　　　2024年6月17日　　　　总　字64号　现付字25号

摘　要	借方科目：总账科目	借方科目：明细科目	百	十	万	千	百	十	元	角	分	记账
支付书刊费	管理费用						3	0	5	0	0	
合　计						¥	3	0	5	0	0	

附件1张

滨江空调机厂　2024.06.17　现金付讫

会计主管：张静　　记账：王锐　　复核：杨艳　　出纳：张磊　　制单：李丹

电子发票（普通发票）

全国统一发票监制章　国家税务总局　滨江市税务局

发票号码：24312000000127030415
开票日期：2024年06月15日

购买方信息	销售方信息
名称：滨江空调机厂	名称：滨江博库书城
统一社会信用代码/纳税人识别号：91310102100120054A	统一社会信用代码/纳税人识别号：91310101607204851A

项目名称	规格型号	单位	数量	单价	金额	税率/征收率	税额
*印刷品*图书		册	10	35.00	350.00	3%	10.50
合　计					¥350.00		¥10.50
价税合计（大写）	⊗叁佰陆拾元零伍角整				（小写）¥360.50		
备注							

开票人：温春梅

3.以现金支付外宾招待费。

付 款 凭 证

总 字72号
现付字30号

贷方科目：库存现金　　2024年6月20日

摘要	借方科目：总账科目	借方科目：明细科目	金额：百	十	万	千	百	十	元	角	分	记账
支付外宾招待费	管理费用	业务招待费				1	0	1	7	6	0	
合计					¥	1	0	1	7	6	0	

附件1张

会计主管：张静　记账：王锐　复核：杨艳　出纳：张为　制单：李丹

（印章：滨江空调机厂 2024.06.20 现金付讫）

电子发票（普通发票）

（印章：全国统一发票监制章 国家税务总局 无锡市税务局）

发票号码：24312000000158481314
开票日期：2024年06月18日

购买方信息	销售方信息
名称：滨江空调机厂	名称：无锡新盛世业酒店管理有限公司
统一社会信用代码/纳税人识别号：91310102100120054A	统一社会信用代码/纳税人识别号：91320200663836722A

项目名称	规格型号	单位	数量	单价	金额	税率/征收率	税额
*住宿服务*住宿服务		天	4	240.00	960.00	6%	57.60
合计					¥960.00		¥57.60
价税合计（大写）	⊗壹仟零壹拾柒元陆角整				（小写）¥1 017.60		
备注							

开票人：张瑛

4.开出转账支票支付轿车修理费。（假设不考虑相关税费）

付 款 凭 证

总 字95号
银付字36号

贷方科目：银行存款　　2024年6月29日

摘要	借方科目：总账科目	借方科目：明细科目	金额：百	十	万	千	百	十	元	角	分	记账
支付修理费	管理费用	修理费				8	3	2	0	0	0	
合计					¥	8	3	2	0	0	0	

附件2张

会计主管：张静　记账：王锐　复核：杨艳　出纳：张为　制单：李丹

（印章：滨江空调机厂 2024.06.29 转账付讫）

电子发票（普通发票）

发票号码：24312000000158874356

开票日期：2024年06月27日

购买方信息　名称：滨江空调机厂 统一社会信用代码/纳税人识别号： 91310102100120054A	销售方信息　名称：大发汽车维修公司 统一社会信用代码/纳税人识别号： 91231012576342100A

项目名称	规格型号	单位	数量	单价	金额	税率/征收率	税额
*劳务*汽车维修		项	1	3 380.53	3 380.53	13%	439.47
合　计					¥3 380.53		¥439.47
价税合计（大写）	⊗叁仟捌佰贰拾元整				（小写）¥3 820.00		
备注							

开票人：李光

（印章：全国统一发票监制章　国家税务总局　滨江市税务局）

中国工商银行
转账支票存根（滨）
№**002834567**

附加信息＿＿＿＿＿＿＿＿

出票日期：2024年6月27日

收款人：	大发汽车维修公司
金　额：	¥3 820.00
用　途：	修理费

单位主管　张　明　　会计　王　锐

5.以现金支付会议费。

付　款　凭　证

总　字96号

贷方科目：库存现金　　　2024年6月29日　　　现付字35号

摘　要	借方科目 总账科目	借方科目 明细科目	百	十	万	千	百	十	元	角	分	记账
支付会议费	管理费用						8	8	0	0	0	
合　计						¥	8	8	0	0	0	

附件1张

会计主管：张静　　记账：王锐　　复核：杨艳　　出纳：张為　　制单：李丹

电子发票（普通发票）

发票号码：24312000000158853928

开票日期：2024年06月27日

购买方信息	名称：滨江空调机厂 统一社会信用代码/纳税人识别号： 91310102100120054A	销售方信息	名称：北方经济管理干部学院 统一社会信用代码/纳税人识别号： 91310101257634828A

项目名称	规格型号	单位	数量	单价	金额	税率/征收率	税额
*服务*会议费		次	1	880.00	880.00	*	*
合 计					¥880.00	*	*
价税合计（大写）	⊗捌佰捌拾元整				（小写）¥880.00		
备注							

开票人：白雁

总第103页

账户名称：管理费用

总 分 类 账 户

单位：元

2024年		记账凭证号数	摘要	对应科目	借方											贷方											核对号	借或贷	余额										
月	日				亿	千	百	十	万	千	百	十	元	角	分	亿	千	百	十	万	千	百	十	元	角	分			亿	千	百	十	万	千	百	十	元	角	分
6	1		期初余额																									借				4	7	6	4	2	0	0	0
	3	转2	差旅费	其他应收款						1	5	6	0	0	0																								
	6	银付5	电话费	银行存款						4	2	5	0	0	0																								
	8	银付9	水电费	银行存款						1	2	8	0	0	0																								
	10	银付14	保险费	银行存款						6	0	0	0	0	0																								
	17	现付25	书刊费	库存现金							3	0	5	0	0																								
	24	银付30	招待费	库存现金							9	6	0	0	0																								
	21	现付31	办公费	库存现金							3	5	0	0	0																								
	24	转10	工资费用	应付工资						8	4	5	0	0	0																								
	29	银付36	修理费	银行存款						8	3	2	0	0	0																								
	29	现付35	会议费	库存现金							8	0	0	0	0																								

总第04页

账户名称：库存现金

总 分 类 账 户

单位：元

2024年		记账凭证号数	摘要	对应科目	借方											贷方											核对号	借或贷	余额										
月	日				亿	千	百	十	万	千	百	十	元	角	分	亿	千	百	十	万	千	百	十	元	角	分			亿	千	百	十	万	千	百	十	元	角	分
6	27		承前页							4	0	0	0	0	0						3	6	0	0	0	0		借						1	5	0	0	0	0
6	29	现付35	会议费	管理费用																		8	0	0	0	0													

总第10页

账户名称：银行存款

总 分 类 账 户

单位：元

2024年		记账凭证号数	摘要	对应科目	借方											贷方											核对号	借或贷	余额										
月	日				亿	千	百	十	万	千	百	十	元	角	分	亿	千	百	十	万	千	百	十	元	角	分			亿	千	百	十	万	千	百	十	元	角	分
6	26		承前页					2	5	6	7	8	0	0	0				2	2	3	1	5	0	0	0		借				5	8	0	4	3	0	0	0
6	29	银付36	修理费	管理费用																	8	3	2	0	0	0													

总第53页

账户名称：预付账款

总 分 类 账 户

单位：元

2024年		记账凭证号数	摘要	对应科目	借方											贷方											核对号	借或贷	余额										
月	日				亿	千	百	十	万	千	百	十	元	角	分	亿	千	百	十	万	千	百	十	元	角	分			亿	千	百	十	万	千	百	十	元	角	分
6	1		期初余额																									借					6	0	0	0	0	0	0

（三）实训任务

1.月末，审核记账凭证，并进行账证核对，检查账簿记录是否正确。

2.采用适当方法更正账簿中的错误，并运用表结法月末对“管理费用”账户进行结账。

（四）实训指引

1.实训中要对每笔经济业务的原始凭证与记账凭证、记账凭证与账簿记录进行核对，指出存在的错误，说明应采用的更正方法，并在账页上进行更正。

2.更正错误后要求对“管理费用”账户进行结账，其他账户结账从略。

3.实训时间约需40分钟。

4.本项实训需付款凭证8张，三栏式账页4张。

（五）实训小结

<table>
<tr><td rowspan="7">更正方法</td><td colspan="7">适用范围</td></tr>
<tr><td colspan="7">会计凭证⟶会计账簿</td></tr>
<tr><td colspan="2">方法</td><td>科目</td><td>金额</td><td>科目</td><td>金额</td><td>说明</td></tr>
<tr><td colspan="2">划线更正法</td><td>√</td><td>√</td><td>×</td><td>×</td><td>证对账错（笔误）</td></tr>
<tr><td colspan="2" rowspan="2">红字冲销法</td><td>×</td><td>√</td><td>×</td><td>√</td><td>证错账错（科目错），一冲二改，两步更正</td></tr>
<tr><td>√</td><td>×
（多记）</td><td>√</td><td>×</td><td>（多记）证错账错（金额错），红字冲销多记，一步更正</td></tr>
<tr><td colspan="2">补充登记法</td><td>√</td><td>×
（少记）</td><td>√</td><td>×</td><td>（少记）证错账错（金额错），蓝字补充少记，一步更正</td></tr>
<tr><td rowspan="6">经济业务分析</td><td>序号</td><td>经济业务</td><td colspan="4">错误类型</td><td>更正方法</td></tr>
<tr><td>1</td><td>支付下半年保险费</td><td colspan="4">证错账错（科目错）</td><td>红字更正法（分两步）</td></tr>
<tr><td>2</td><td></td><td colspan="4"></td><td></td></tr>
<tr><td>3</td><td></td><td colspan="4"></td><td></td></tr>
<tr><td>4</td><td></td><td colspan="4"></td><td></td></tr>
<tr><td>5</td><td></td><td colspan="4"></td><td></td></tr>
<tr><td>实训小结</td><td colspan="7">存在的主要问题：

启示与思考：

</td></tr>
</table>

实务操作演示

错账更正——划线更正法

实务操作演示

错账更正——红字更正法

实务操作演示

错账更正——补充登记法

实训九　记账规则与结账

（一）实训目的

通过实训使学生掌握账簿登记的基本规则与结账方法。

（二）实训资料

滨江空调机厂“应付账款”账户的有关资料如下：

1.2024年1月—11月份累计借方发生额为4 880 340元；累计贷方发生额为5 104 700元。

2.2024年11月30日贷方余额为745 800元。

3.2024年12月1日—31日“应付账款”账户登记情况如下：

总第35页

账户名称：应付账款　　**总　分　类　账　户**　　单位：元

2024年		记账凭证号数	摘要	对应科目	借方											贷方											核对号	借或贷	余额										
月	日				亿	千	百	十	万	千	百	十	元	角	分	亿	千	百	十	万	千	百	十	元	角	分			亿	千	百	十	万	千	百	十	元	角	分
			承前页					2	3	0	5	6	0	0	0				2	5	8	4	7	3	0	0		贷				7	9	5	9	0	0	0	0
11	30	银付50	偿还货款						5	0	1	0	0	0	0													贷				7	4	5	8	0	0	0	0
11	30		本期发生额及余额					4	7	3	6	5	0	0	0				5	0	2	8	2	0	0	0		贷				7	4	5	8	0	0	0	0
12	1		期初余额																									贷				7	4	5	8	0	0	0	0
12	7		购料																	3	6	0	0	0	0	0													
12	13		购料																3	8	5	0	0	0	0	0													
12	18		偿还货款					1	7	3	0	0	0	0	0																								
12	20		购料																	2	4	7	0	0	0	0													
12	23		偿还货款					6	1	9	0	0	0	0	0																								
			过次页																																				

总第36页

账户名称：应付账款　　　　**总　分　类　账　户**　　　　单位：元

2024年		记账凭证号数	摘要	对应科目	借方											贷方											核对号	借或贷	余额										
月	日				亿	千	百	十	万	千	百	十	元	角	分	亿	千	百	十	万	千	百	十	元	角	分			亿	千	百	十	万	千	百	十	元	角	分
			承上页																																				
12	24		偿还货款						4	2	6	0	0	0	0																								
12	28		购料																2	1	1	3	0	0	0	0													
12	30		偿还货款					1	8	0	0	0	0	0	0																								

（三）实训任务

1.根据记账规则的要求，将“应付账款”账户中的有关内容登记完整。

2.月末，结出本月发生额及月末余额。

3.年终，结出本年累计发生额及年末余额。

4.年终，将本年余额结转下年，开设下年新账页。

（四）实训指引

1.实训中将“应付账款”账户所给资料誊写在账页上。文字、数字书写要规范，前页记满结转次页，对跳行要进行纠正。

2.正确进行期末结账，开设下年新账页，结转年初余额。

3.实训时间约需30分钟。

4.本实训需三栏式账页3张。

视频　会计错账更正

实务操作演示　账结法下损益类明细分类账结账

实务操作演示　日记账、存货类、损益类明细账结账

实务操作演示　结算类、资本类明细分类账结账

实训十　银行存款余额调节表的编制

（一）实训目的

通过实训使学生掌握银行存款清查、银行存款余额调节表的编制方法。

（二）实训资料

滨江空调机厂2024年8月21日—31日银行存款日记账账面记录和银行对账单如下：

银行存款日记账

单位：元

2024年		凭证号	摘　要	结算凭证		对方科目	借　方	贷　方	余　额
月	日			种类	号数				
8	21		承前页						380 500.00
8	21	银付35	购入材料	转支	#3603	材料采购		48 000.00	332 500.00
8	22	银付36	偿付货款	转支	#2003	应付账款		36 800.00	295 700.00
8	22	银付37	提取现金	现支	#8653	库存现金		4 000.00	291 700.00
8	23	银付38	支付广告费	转支	#3605	销售费用		37 200.00	254 500.00
8	23	银收18	收回货款	委收	#1004	应收账款	28 300.00		282 800.00
8	24	银付39	支付保险费	转支	#3609	预付账款		40 000.00	242 800.00
8	24	银付40	代垫运费	转支	#3611	应收账款		6 000.00	236 800.00
8	25	银付41	预付差旅费	现支	#8654	其他应收款		3 500.00	233 300.00
8	25	银收19	销售产品	委收	#1006	主营业务收入	18 950.00		252 250.00
8	26	银付42	购入设备	汇票	#2005	固定资产		57 400.00	194 850.00
8	26	银收20	预收货款	本票	#8461	预收账款	95 380.00		290 230.00
8	27	银付43	购办公用品	转支	#3614	管理费用		600.00	289 630.00
8	27	银付44	支付养路费	转支	#3617	管理费用		3 800.00	285 830.00
8	28	银付45	预付货款	转支	#3618	预付账款		50 000.00	235 830.00
8	29	银收21	收回货款	委收	#3685	应收账款	17 390.00		253 220.00
8	30	现付19	存入现金	回单	#24	库存现金	2 000.00		255 220.00
8	30	银付46	预付差旅费	现支	#8658	其他应收款		2 780.00	252 440.00
8	31		本月合计						252 440.00

银行对账单

单位：元

2024年		结算凭证		摘要	借方	贷方	余额
月	日	种类	号数				
8	21			承前页			
8	22	转支	#3603	付货款	48 000.00		
8	22	现支	#8653	提现金	4 000.00		
8	24	转支	#3605	付广告费	37 200.00		
8	25	特转	#1480	存款利息		5 900.00	
8	25	现支	#8654	提差旅费	3 500.00		
8	26	转支	#3609	付保险费	40 000.00		
8	26	本票	#8461	存入货款		95 380.00	
8	26	转支	#3614	付办公用品款	600.00		
8	29	转支	#2003	付货款	36 800.00		
8	29	专托	#5721	付电话费	3 800.00		
8	30	转支	#3617	付养路费	3 800.00		
8	30	特转	#1902	贷款利息	3 500.00		
8	30	现存	#24	存入现金		2 000.00	
8	29	专托	#1195	支付水电费	4 800.00		
8	31	委收	#1009	代收运费		4 000.00	
8	31	汇票	#2005	购设备	57 400.00		
8	31			月末余额			244 380.00

（三）实训任务

1.将银行存款日记账与银行对账单进行核对，找出未达账项。

2.编制8月份的银行存款余额调节表，确定该企业的银行存款实有余额。

（四）实训指引

1.首先，将银行存款日记账与银行对账单按结算凭证种类和号数一一进行核对，确定哪些是银行已入账、企业尚未入账的事项，哪些是企业已入账、银行尚未入账的事项；然后，将银行存款日记账与银行对账单的月末余额及未达账项填入银行存款余额调节表；最后，计算出调节后的银行存款余额。

2.假设企业与银行账面记录8月21日前均核对无误，8月21日—31日双方账面余额计算均无错误，编制的银行存款余额调节表应保持平衡。

3.实训中应简要分析出现未达账项的原因。

4.实训时间约需30分钟。

5.本项实训需空白银行存款余额调节表1份。

实训十一　科目汇总表账务处理程序

(一) 实训目的

通过实训使学生掌握科目汇总表的编制及总分类账户的登记方法。

(二) 实训资料

1. 滨江空调机厂2024年4月初各总分类账户的期初余额如下：

总分类账户期初余额

单位：元

账户名称	借方余额	账户名称	贷方余额
库存现金	2 900.00	短期借款	500 000.00
银行存款	696 640.00	应付账款	459 000.00
应收账款	285 300.00	应付利息	1 600.00
其他应收款	4 180.00	应付职工薪酬	77 100.00
原材料	782 370.00	应交税费	55 400.00
库存商品	2 382 720.00	其他应付款	30 000.00
生产成本	947 390.00	长期借款	3 000 000.00
预付账款	63 000.00	股本	5 785 000.00
长期股权投资	600 000.00	资本公积	600 000.00
固定资产	9 536 200.00	盈余公积	750 000.00
主营业务成本	2 617 400.00	利润分配	240 000.00
销售费用	65 600.00	累计折旧	2 579 000.00
税金及附加	85 000.00	主营业务收入	4 127 600.00
管理费用	258 400.00	其他业务收入	547 200.00
财务费用	45 500.00	营业外收入	53 700.00
其他业务成本	366 000.00		
营业外支出	67 000.00		
合计	18 805 600.00	合计	18 805 600.00

2. 该厂2024年4月1日—10日的科目汇总表和4月11日—20日的科目汇总表如下：

编号：科汇1号		
凭证号数	现收	自第 1 号至 21 号止
	现付	自第 1 号至 34 号止
	银收	自第 1 号至 27 号止
	银付	自第 1 号至 32 号止
	转账	自第 1 号至 10 号止

科目汇总表

2024年4月1日至2024年4月10日

会计科目	总页	借方金额										贷方金额									
		千	百	十	万	千	百	十	元	角	分	千	百	十	万	千	百	十	元	角	分
库存现金						1	5	0	0	0	0					2	0	0	0	0	0
银行存款				2	1	9	7	0	0	0	0			1	7	8	6	0	0	0	0
应收账款					9	5	6	0	0	0	0				7	2	7	8	0	0	0
短期借款					5	0	0	0	0	0	0										
应付账款					6	0	8	0	0	0	0										
应交税费					3	6	0	0	0	0	0										
制造费用					5	9	2	6	0	0	0										
主营业务收入														2	8	7	1	2	0	0	0
销售费用						7	0	0	0	0	0										
管理费用					1	0	6	4	0	0	0										
合计				5	4	0	5	0	0	0	0			5	4	0	5	0	0	0	0

编号：科汇2号		
凭证号数	现收	自第 22 号至 38 号止
	现付	自第 35 号至 72 号止
	银收	自第 28 号至 53 号止
	银付	自第 33 号至 67 号止
	转账	自第 11 号至 19 号止

科目汇总表

2024年4月11日至2024年4月20日

会计科目	总页	借方金额										贷方金额									
		千	百	十	万	千	百	十	元	角	分	千	百	十	万	千	百	十	元	角	分
库存现金							9	0	0	0	0					1	8	0	0	0	0
银行存款				2	6	3	4	0	0	0	0			1	2	8	9	0	0	0	0
应收账款				1	0	0	0	0	0	0	0										
其他应收款						8	0	0	0	0	0				1	0	0	0	0	0	0
材料采购				1	0	7	2	0	0	0	0				8	6	2	0	0	0	0
原材料					8	6	2	0	0	0	0										
预付账款					2	0	0	0	0	0	0										
固定资产					4	8	3	0	0	0	0										
长期借款														2	0	0	0	0	0	0	0
应付账款					5	0	0	0	0	0	0			1	1	2	0	0	0	0	0
制造费用					1	1	3	0	0	0	0										
主营业务收入														1	6	8	0	0	0	0	0
销售费用						4	0	0	0	0	0										
管理费用						7	6	0	0	0	0										
合计				7	0	6	9	0	0	0	0			7	0	6	9	0	0	0	0

3.该厂2024年4月21日—30日发生的各项经济业务见实训三。

编号：科汇3号				
凭证号数	现收	自第	号至	号止
	现付	自第	号至	号止
	银收	自第	号至	号止
	银付	自第	号至	号止
	转账	自第	号至	号止

科 目 汇 总 表

2024年4月21日至2024年4月30日

会 计 科 目	总页	借 方 金 额										贷 方 金 额									
		千	百	十	万	千	百	十	元	角	分	千	百	十	万	千	百	十	元	角	分
合 计																					

（三）实训任务

1.开设三栏式总分类账户并登记月初余额。

2.根据实训三的记账凭证编制4月21日—30日的科目汇总表。

3.根据该月份的三张科目汇总表登记总分类账户，并进行期末结账。

（四）实训指引

1.各总分类账户根据科目汇总表每10天汇总登记一次。

2.滨江空调机厂各月份不进行损益类账户的结转，待年终时一次结转。

3.月末结账后，应编制总分类账户本期发生额及余额试算表进行试算平衡，检查总分类账户的登记是否正确。

4.实训时间约需100分钟。

5.本项实训需三栏式总账账页34张，科目汇总表1张。

6.本项实训财务报表编制要求见实训十二。

实务操作演示

总分类账——汇总登记法

实务操作演示

总分类账结账

实训十二　财务报表的编制

（一）实训目的

通过实训使学生初步掌握资产负债表、利润表的编制原理和方法。

（二）实训资料

滨江空调机厂2024年4月份各损益类账户本期发生额及有关总分类账户月末余额见实训十一。

（三）实训任务

编制滨江空调机厂2024年4月份的资产负债表和利润表。

（四）实训指引

1.假设该企业总分类账户与所属各明细分类账户余额均方向相同，金额相等，明细分类账户资料略。

2.实训时间约需40分钟。

3.本项实训需资产负债表、利润表各1张（可使用本书“附录”中“（十四）会计报表”中的两张空白报表）。

第三编 财务会计实训

财务会计实训结构设置

（一）会计概念框架结构

财务会计又称对外报告会计，为实现对外报告会计的目标，依据会计假设和公认会计原则，运用会计技术，对会计对象六大要素的内容，在确认、计量、记录、报告的会计程序运行过程中，将各种会计核算方法贯穿于会计凭证、会计账簿、会计报表会计处理中，经过会计循环日常和期末周而复始运转，定期提供对各信息使用者有用的财务报告信息。会计概念框架结构见参考图3-1至参考图3-2。

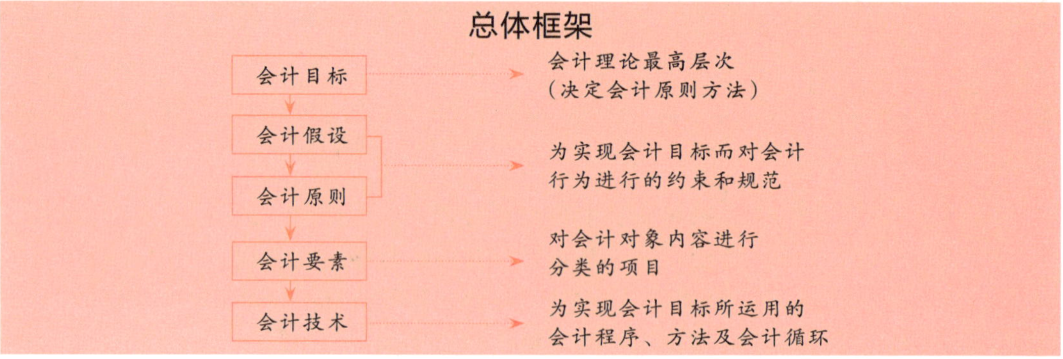

参考图3-1　总体框架

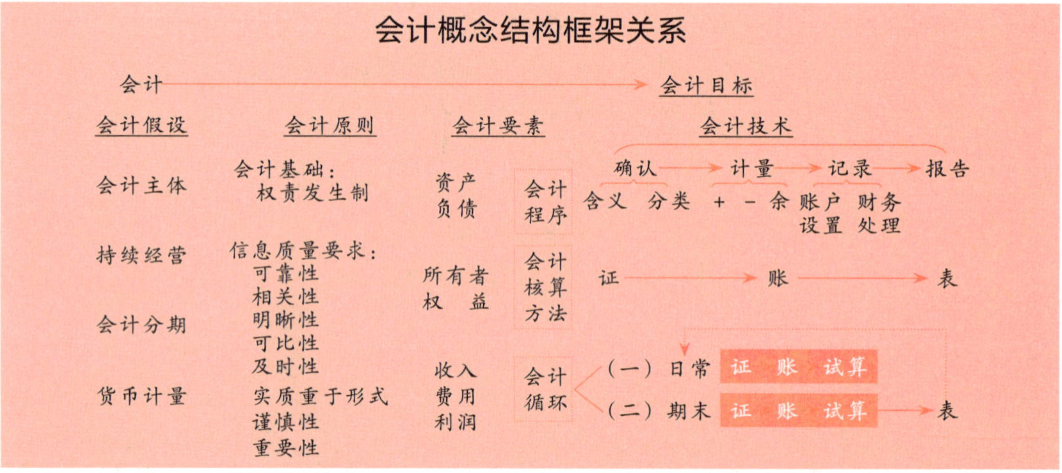

参考图3-2　会计概念结构框架关系

（二）会计要素的确认、计量、记录和报告（见参考图3-3）

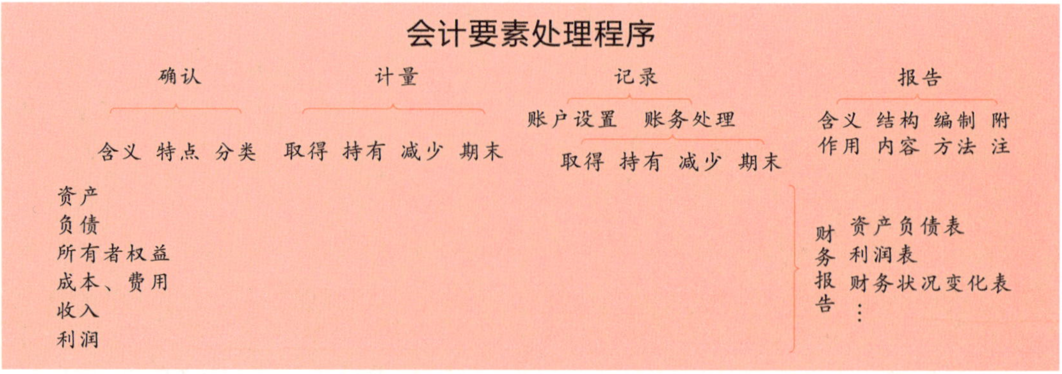

参考图3-3　会计要素处理程序

（三）财务会计学基本内容结构

财务会计学一般划分为中级财务会计和高级财务会计，是在学习会计学原理的基础上，重点介绍如何运用会计技术，通过会计程序和会计核算方法及会计循环，对会计对象六大会计要素（资产、负债、所有者权益、收入、费用、利润）的具体内容进行会计处理。中级财务会计与高级财务会计的侧重点不同，分别核算的是六大会计要素的基本业务内容和特殊业务内容，分别递进阐述学习，实际工作中是融为一体。

中级财务会计的结构一般划分为14章，第一部分总论为第1章，学习会计框架结构的基础理论，是具体会计处理方法的指导依据；第二部分是第2至13章，重点学习六大会计要素的基本内容在会计凭证、账簿、报表等会计处理过程中的增加、减少及期末的确认、计量、记录方法；第三部分是第14章财务报告，学习会计信息的生成输出方法。高级财务会计就是针对六大要素中发生的特殊业务的会计处理方法，如债务重组等。课程基本内容结构见参考图3-4、参考图3-5。

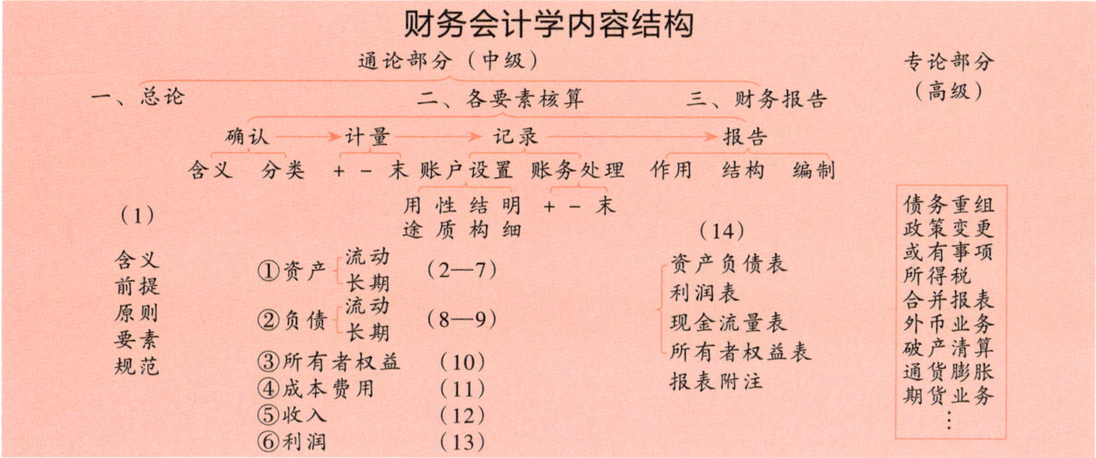

参考图3-4　财务会计学内容结构

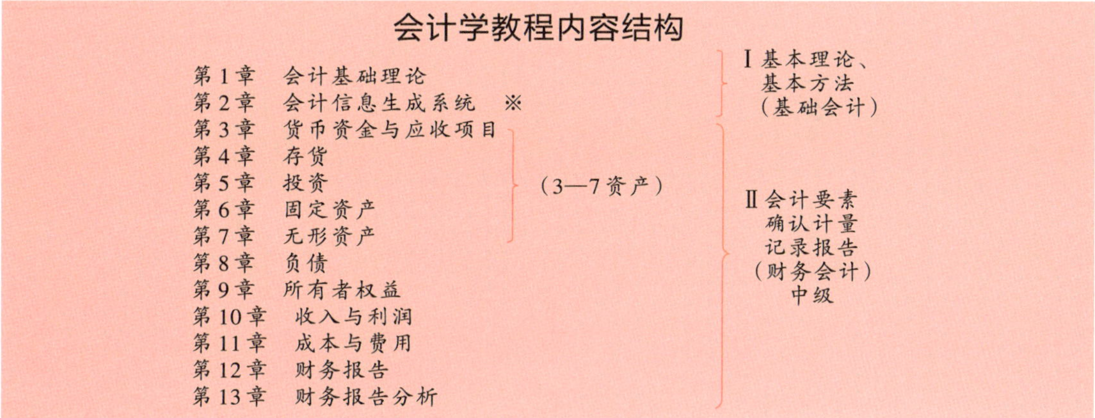

参考图3-5　会计学教程内容结构

（四）“第三编　财务会计实训”的内容结构

本教程“第三编　财务会计实训”的内容结构设计思路与财务会计学内容结构思路基本对应。旨在掌握会计学原理的基本理论、基本方法、基本技能后，进一步深入掌握六大会计要素基本业务的会计处理方法。与会计学原理侧重点不同，本部分实训可与财务会计学课程的学习内容同步配套使用或进行阶段实训。

问题思考：

1.试举例说明财务会计学与会计学原理课程的联系与区别。

2.试举例说明财务会计学各项会计要素学习内容之间的联系和区别。

3.试举例说明“第二编　基础会计实训”与“第三编　财务会计实训”内容的主要联系和区别，并说明如何系统掌握。

实训一　货币资金及应收款项核算实训

（一）实训目的

熟悉货币资金结算与应收款项的核算，了解银行结算业务处理程序，掌握坏账的会计处理方法。

（二）实训资料

1.泰山实验设备厂为一家股份制企业，该企业年末按应收账款余额的2%计提坏账准备。2024年12月初货币资金及应收款项各项目余额（单位：元）如下：

总账账户	二级账户	三级账户	借方余额	贷方余额
库存现金			1 800	
银行存款			386 780	
其他货币资金			0	
应收账款			656 090	
	海滨专用设备公司		129 090	
	东风柴油机厂		2 000	
	鲁南物资公司		300 000	
	济南机械公司		225 000	
坏账准备				13 121.80
其他应收款			168 000	
	泰山服装厂		165 000	
	王英国		2 000	
	备用金	总务科	1 000	

2.该企业2024年12月份发生的有关货币资金及应收款项的业务核算资料如下：

（1）签发现金支票一张，金额为800元，设立行政科备用金。

业务1

中国工商银行（鲁）
现金支票存根
№01697668

附加信息

出票日期：　年　月　日

收款人：

金　额：

用　途：

单位主管　　会计

ICBC 中国工商银行　现金支票（鲁）

№ 01697668

本支票付款期限十天

出票日期（大写）：　年　月　日　　付款行名称：

收款人：　　出票人账号：

人民币（大写）

千	百	十	万	千	百	十	元	角	分

用途

上列款项请从

我账户内支付

出票人签章

密码 198298738898

泰山实验设备厂 财务专用章

赵红 章

（2）12月5日，确认坏账。

业务2

应收东风柴油机厂货款2 000元，逾期3年无法收回，经批准同意核销。

厂长（签字）： 丁志德

泰山会计师事务所注册会计师：江明

2024年12月5日

（3）12月10日，向银行申请办理银行汇票。

业务3 $\frac{1}{2}$

ICBC 中国工商银行汇票申请书（存根） 1

申请日期：2024年12月10日　　第0128号

收款人	宝山钢铁厂			汇款人	泰山实验设备厂
账　号	2308267313			账　号	2403166818
兑付地点	××省上海市	兑付行	工行宝山营业部	汇款用途	购货

汇票金额	人民币（大写）壹拾捌万元整	千	百	十	万	千	百	十	元	角	分
			¥	1	8	0	0	0	0	0	0

此联由汇款人留存作记账传票

备　注

科　　目＿＿＿＿＿＿

对方科目＿＿＿＿＿＿

财务主管　　复核　　经办

业务3 $\frac{2}{2}$

付款期 壹个月

ICBC 中国工商银行

银行汇票 2

AB35974

第　　号

出票日期（大写）：贰零贰肆年壹拾贰月零壹拾日

兑付地点：上海市　兑付行：工行宝山营业部　行号：2378

收款人：宝山钢铁厂	账号或住址：2308267313										
出票金额	人民币（大写）壹拾捌万元整										
实际结算金额	人民币（大写）	千	百	十	万	千	百	十	元	角	分

汇款人：泰山实验设备厂　　账号或地址：2403166818

出票行：南站　行号：2875

汇款用途：购货

出票行盖章

中国工商银行泰山市南站办事处 2024.12.10 业务章

张兵 章

多余金额									
百	十	万	千	百	十	元	角	分	

科　目（付）＿＿＿＿

对方科目（收）＿＿＿＿

兑付日期　　年　月　日

复核　　记账

本汇票和解讫通知一并由汇款人自带，兑付行兑付汇票后此联作联行往来付出传票

（4）12月12日，按购货合同规定预付货款。

业务4

ICBC 中国工商银行信汇凭证（回单）1

委托日期：2024年12月12日　　　　第0789124号

收款单位	全称	宝山钢铁厂		汇款单位	全称	泰山实验设备厂
	账号	2308267313			账号	2403166818
	汇入地点	××省上海市	汇入行名称：工行宝山营业部		汇出地点	山东省泰山市　汇出行名称：工行南站办
金额	人民币（大写）	壹拾柒万捌仟元整			千百十万千百十元角分	¥ 1 7 8 0 0 0 0 0
汇款用途：预付货款					（汇出行盖章）	
上列款项已根据委托办理，如需查询，请持此回单来行面洽。						2024年12月12日
单位主管 吴江　会计 李梅　复核 王峰　记账 张平						

中国工商银行泰山市南站办事处 2024.12.12 业务章

此联是汇出银行给汇款单位的回单

（5）12月13日，销售产品办妥委托收款，并开出转账支票代垫运费。

业务5 $\frac{1}{4}$

ICBC 中国工商银行委托银行收款结算凭证（回单）1

委邮　　委托日期：　年　月　日　　委收号码：05429

收款人	全称		付款人	全称	
	账号			账号	
	开户银行			开户银行	
委收金额	人民币（大写）				千百十万千百十元角分
款项内容		委托收款凭据名称			附寄单证张数
备注：		款项收妥日期　年　月　日		（收款单位开户行盖章）　年　月　日	

单位主管：　会计：　复核：　记账：

中国工商银行泰山市南站办事处 2024.12.13 业务章

业务5 $\frac{2}{4}$

中国工商银行
转账支票存根（鲁）
№00422681

附加信息

出票日期：2024年12月13日

收款人：	泰山市运输公司
金　额：	¥1 635.00
用　途：	代垫运费

单位主管 略　　会计 略

业务5$\frac{3}{4}$

货物运输服务

电子发票（增值税专用发票）

发票号码：24141000000039004210

开票日期：2024年12月13日

购买方信息	销售方信息
名称：海滨专用设备公司	名称：泰山市运输公司
统一社会信用代码/纳税人识别号：91330422100212563A	统一社会信用代码/纳税人识别号：91736283542153232A

项目名称	单位	数量	单价	金额	税率/征收率	税额
*运输服务*陆路货物运输服务	次	1	1 500.00	1 500.00	9%	135.00
合　计				¥1 500.00		¥135.00

运输工具种类	运输工具牌号	起运地	到达地	运输货物名称
大卡车	鲁J78901	泰山市	海滨市	实验台、校验器

价税合计（大写）⊗壹仟陆佰叁拾伍元整　（小写）¥1 635.00

备注：

开票人：李春江

业务5$\frac{4}{4}$

电子发票（增值税专用发票）

发票号码：24312000000140050093

开票日期：2024年12月13日

购买方信息	销售方信息
名称：海滨专用设备公司	名称：泰山实验设备厂
统一社会信用代码/纳税人识别号：91330422100212563A	统一社会信用代码/纳税人识别号：91370982310042168A

项目名称	规格型号	单位	数量	单价	金额	税率/征收率	税额
*设备*实验台		台	5	22 000.00	110 000.00	13%	14 300.00
*设备*校验器		台	4	450.00	1 800.00	13%	234.00
合　计					¥111 800.00		¥14 534.00

价税合计（大写）⊗壹拾贰万陆仟叁佰叁拾肆元整　（小写）¥126 334.00

备注：

开票人：王平

（6）12月15日，购入材料，以银行汇票结算货款。

业务6$\frac{1}{2}$

电子发票（增值税专用发票）

发票号码：24312000000140178313

开票日期：2024年12月15日

购买方信息	销售方信息
名称：泰山实验设备厂	名称：宝山钢铁厂
统一社会信用代码/纳税人识别号：91370982310042168A	统一社会信用代码/纳税人识别号：91370102310076857A

项目名称	规格型号	单位	数量	单价	金额	税率/征收率	税额
*黑色金属冶炼压延品*钢板		吨	20	3 100.00	62 000.00	13%	8 060.00
*黑色金属冶炼压延品*生铁		吨	40	298.00	11 920.00	13%	1 549.60
*黑色金属冶炼压延品*圆钢		吨	27	2 000.00	54 000.00	13%	7 020.00
合　计					¥127 920.00		¥16 629.60

价税合计（大写）⊗壹拾肆万肆仟伍佰肆拾玖元陆角整　（小写）¥144 549.60

备注：

开票人：林元

业务 $6\frac{2}{2}$

ICBC 中国工商银行

付款期 壹个月

银行汇票（多余款收账通知）4

AB35974 第　号

出票日期（大写）：贰零贰肆年壹拾贰月壹拾伍日　　兑付地点：上海市　兑付行：工行宝山营业部　行号：2378

收款人：宝山钢铁厂	账号或住址：2308267313										
出票金额	人民币（大写）壹拾捌万元整										
实际结算金额	人民币（大写）壹拾肆万肆仟伍佰肆拾玖元陆角整	千	百	十	万	千	百	十	元	角	分
			¥	1	4	4	5	4	9	6	0

汇款人：泰山实验设备厂　　账号或地址：2403166818

出票行：南站办　行号：2875

汇款用途：购货

出票行盖章

（印章：中国工商银行泰山市南站办事处 2024.12.15 业务章；张兵章）

多余金额								
百	十	万	千	百	十	元	角	分
	¥	3	5	4	5	0	4	0

左列退回多余金额已收入你账户内。

单位主管 略　复核 略　经办 略

（7）12月25日，收到货款。

托收号码：05429

业务 7　ICBC 中国工商银行 托收承付结算凭证（收账通知）4

承付期限 到期时间 2024年12月26日

委托日期：2024年12月13日

收款人	全称	泰山实验设备厂		付款人	全称	海滨专用设备公司										
	账号	2403166818			账号或地址	2860834727										
	开户银行	工行南站办	行号 2875		开户银行	工行海滨市营业部										
委托收款金额	人民币（大写）壹拾贰万柒仟玖佰陆拾玖元整						千	百	十	万	千	百	十	元	角	分
								¥	1	2	7	9	6	9	0	0
附寄单证张数	3	商品发运情况	铁运		合同名称号码	略										
备注：	款项收妥日期　年　月　日				收款人开户银行盖章　年　月　日											

（印章：中国工商银行泰山市南站办事处 2024.12.25 转讫）

此联是收款人开户银行在款项收妥后给收款人的收账通知

（8）12月26日，收到存款利息收入。

业务 8　ICBC 中国工商银行（存款）利息转账专用传票

科目：　　2024年12月26日　　第123号

收入利息单位	名称	泰山实验设备厂	支付利息单位	名称	市工行									
	账号	2403166818		账号	2409005431									
利息金额	人民币（大写）伍仟捌佰贰拾陆元伍角整				千	百	十	万	千	百	十	元	角	分
								¥	5	8	2	6	5	0
计息利息起讫时间	2024年9月26日起 2024年12月26日止				上列利息金额已如数收、付你单位结算账户 开户银行盖章									
计息积数	¥739 873.00　利率月息0.2625%													
备注：存款利息														

（印章：中国工商银行泰山市南站办事处 2024.12.26 转讫）

第一联 存款利息收账通知联

单位主管：吴江　会计：李梅　复核：李林　制单：王兴

（9）12月28日，支付本月电话费。

业务9 1/2

委收号码：07237

ICBC 中国工商银行　委托银行收款结算凭证（付款通知）5

委邮

委托日期：2024年12月27日

付款期限 2024年12月28日
延期期限　年　月　日

收款人	全称	中国电信股份有限公司泰山分公司	付款人	全称	泰山实验设备厂
	账号或地址	2212012001		账号或地址	2403166818
	开户银行	工行南站办		开户银行	工行南站办
委收金额	人民币（大写）	肆仟零壹拾壹元陆角叁分		千百十万千百十元角分	¥401163
款项内容	电话费	委托收款凭据名称	增值税专用发票	附寄单证张数	1张
备注：		付款人注意： 1.根据结算办法，上列委托收款，如在付款期限内未拒付时，即视同全部同意付款，以此联代支款通知。 2.如需提前付款或多付款，应另写书面通知送银行办理。 3.如果全部或部分拒付，应在付款期限内另填拒绝付款理由书送银行办理。			

中国工商银行泰山市南站办事处 2024.12.28 业务章

单位主管：吴江　会计：李梅　复核：王峰　记账：张平　付款单位开户行盖章：

此联是付款人开户银行通知付款人按期付款的通知

业务9 2/2

电子发票（增值税专用发票）

全国统一发票监制章 国家税务总局 泰山市税务局

发票号码：24312000000538343102
开票日期：2024年12月28日

购买方信息	名称：泰山实验设备厂 统一社会信用代码/纳税人识别号： 91370982310042168A	销售方信息	名称：中国电信股份有限公司泰山分公司 统一社会信用代码/纳税人识别号： 91380217362173960A

项目名称	规格型号	单位	数量	单价	金额	税率/征收率	税额
*电信服务*通信服务费		月	1	3 784.56	3 784.56	6%	227.07
合　计					¥3 784.56		¥227.07
价税合计（大写）	⊗肆仟零壹拾壹元陆角叁分				（小写）¥4 011.63		
备注							

开票人：胡倩

（10）12月29日，行政科室报销购买办公用品款，并借款以现金补足备用金。

业务10 1/2

电子发票（增值税专用发票）

全国统一发票监制章 国家税务总局 泰山市税务局

发票号码：24312000000140171234
开票日期：2024年12月29日

购买方信息	名称：泰山实验设备厂 统一社会信用代码/纳税人识别号： 91370982310042168A	销售方信息	名称：泰山文化用品门市部 统一社会信用代码/纳税人识别号： 91370102123476855A

项目名称	规格型号	单位	数量	单价	金额	税率/征收率	税额
*办公用品*计算器		个	5	125.00	625.00	13%	81.25
*办公用品*工作手册		本	25	0.80	20.00	13%	2.60
*办公用品*碳素墨水		瓶	40	0.60	24.00	13%	3.12
*办公用品*稿纸		本	50	0.50	25.00	13%	3.25
合　计					¥694.00		¥90.22
价税合计（大写）	⊗柒佰捌拾肆元贰角贰分				（小写）¥784.22		
备注							

开票人：林江

业务 10 $\frac{2}{2}$

办公用品领用表

2024年12月29日　　　　　　　　　　　　　　　　金额单位：元

领用车间、部门	领发数量				金额
	计算器	工作手册	碳素墨水	稿纸	
机加工车间	1	5	8	10	138.80
装配车间	1	5	8	10	138.80
机修车间	1	5	8	10	138.80
厂部管理部门	2	10	16	20	277.60
合　计	5	25	40	50	694.00

审核：赵瑞　　　　　　　　　　　　　　　制表：林元

（11）12月31日，计提坏账准备（假设其他应收款不计提坏账准备）。

业务 11

坏账准备计提表

年　　月　　日

项目	账面余额	计提比例	应提准备数	账面已提数	应补提（或冲减）数
应收账款					
合　计					

审核：　　　　　　　　　　　　　　　制表：

（三）实训任务

1. 根据资料1开设货币资金及应收款项的总账、明细账、日记账。
2. 根据资料2完成有关表格的计算和有关原始凭证的填制，并编制记账凭证。
3. 根据原始凭证、记账凭证登记开设的总账、明细账、日记账，计算总账余额并计提坏账准备。
4. 对银行存款、库存现金日记账与总账进行账账核对。
5. 说明各项结算业务的办理手续，撰写实验小结。

（四）实训指引

1. 实训形式：分组实训，每组2人，分为出纳员和记账员，注意实验程序的流程。
2. 实训时间：本项实训约需45分钟。
3. 实训用纸：收款凭证3张；付款凭证6张；转账凭证4张；三栏式总分类账账页7张；三栏式明细账账页10张；日记账账页3张。

思政视频

货币资金内部控制缺失
蚂蚁搬家挪走公款600万元

实训二　存货（材料）核算实训

（一）实训目的

熟悉存货（材料）收入、发出、结存的计价，对存货按实际成本计价进行核算，了解存货核算的基本程序与方法，能够胜任中小企业材料会计岗位的核算工作。

（二）实训资料

华峰电缆厂为一家股份制企业，属于增值税一般纳税人，并设置“在途物资”科目进行材料核算，购入材料支付的增值税当月均符合抵扣条件可以抵扣。2024年6月份库存材料收、发、存的有关资料如下：

1.各种材料的月初结存资料如下：

材料名称	数量	金额（元）
电解铜板	40千克	1 033 999
电解铝锭	38千克	597 756
轴承	30套	4 050

2.“在途物资”明细账的月初余额如下：

材料名称	数量	金额（元）
电解铜板	8千克	161 800
轴承	40套	5 520

3.2024年6月份发生的有关经济业务如下：

（1）6月2日，领料。

业务 $1\frac{1}{2}$　领料单位：加工车间　　　　**限额领料单**　　　　编　　号：

用　　途：生产铜电车线　　　　2024年6月份　　　　发料仓库：1号库

材料类别	材料编号	材料名称及规格	计量单位	全月领用限额	实际领用 数量	实际领用 单位成本	实际领用 金额	备注
原材料	1101	电解铜板	千克	35				

日期	请领 数量	请领 领料单位负责人签章	实发 数量	实发 发料人签章	实发 领料人签章	退回 数量	退回 收料人签章	退回 退料人签章	限额结余
6.2	15	杜忠	15	王兵	李明				20
合计									

生产计划部门负责人：张　强　　　　供应部门负责人：方　威　　　　仓库负责人：王　兵

业务1 2/2　领料单位：加工车间

限额领料单

编　号：002

用　途：生产铝合金电车线　　2024年6月份　　发料仓库：1号库

材料类别	材料编号	材料名称及规格	计量单位	全月领用限额	实际领用			备注
					数量	单位成本	金额	
原材料	1102	电解铝锭	千克	35				

日期	请领		实发			退回			限额结余
	数量	领料单位负责人签章	数量	发料人签章	领料人签章	数量	收料人签章	退料人签章	
6.2	20	杜忠	20	王兵	李明				15
合计									

生产计划部门负责人：张　磊　　供应部门负责人：方　威　　仓库负责人：王　兵

（2）6月5日，购料入库（销售方代垫运费、装卸费）。

业务2 1/5

电子发票（增值税专用发票）

发票号码：24312000000538546186

开票日期：2024年05月29日

购买方信息	名称：华峰电缆厂 统一社会信用代码/纳税人识别号：91370910003152638A	销售方信息	名称：华新冶炼厂 统一社会信用代码/纳税人识别号：91320600003142638A

项目名称	规格型号	单位	数量	单价	金额	税率/征收率	税额
*有色金属压延材*电解铜板		千克	10	25 700.00	257 000.00	13%	33 410.00
合　计					¥257 000.00		¥33 410.00
价税合计（大写）	⊗贰拾玖万零肆佰壹拾元整				（小写）¥290 410.00		
备注							

开票人：张伟

业务2 2/5

电子发票（增值税专用发票）

货物运输服务

发票号码：24141000000039005085

开票日期：2024年05月27日

购买方信息	名称：华峰电缆厂 统一社会信用代码/纳税人识别号：91370910003152638A	销售方信息	名称：江东运输公司 统一社会信用代码/纳税人识别号：91133017214360015X

项目名称	单位	数量	单价	金额	税率/征收率	税额
*运输服务*陆路货物运输服务	项	1	500.00	500.00	9%	45.00
合　计				¥500.00		¥45.00

运输工具种类	运输工具牌号	起运地	到达地	运输货物名称
大卡车	江B13579	江东市	潮山市	电解铜板

价税合计（大写）⊗伍佰肆拾伍元整　（小写）¥545.00

备注：

开票人：李宁雨

业务 2$\frac{3}{5}$

电子发票（普通发票）

发票号码：24312000000515785058

开票日期：2024 年 05 月 27 日

<table>
<tr><td>购买方信息</td><td>名称：华峰电缆厂
统一社会信用代码/纳税人识别号：
91370910003152638A</td><td>销售方信息</td><td>名称：江东运输公司
统一社会信用代码/纳税人识别号：
91133017214360015X</td></tr>
</table>

项目名称	规格型号	单位	数量	单价	金额	税率/征收率	税额
*物流辅助服务*装卸费		次	1	122.64	122.64	6%	7.36
合　计					¥122.64		¥7.36
价税合计（大写）	⊗壹佰叁拾元整				（小写）¥130.00		
备注							

开票人：李宁雨

业务 2$\frac{4}{5}$

ICBC 中国工商银行信汇凭证（回单） 1

委托日期：2024年6月5日　　　　第002457号

<table>
<tr><td rowspan="3">收款单位</td><td>全　称</td><td colspan="3">华新冶炼厂</td><td rowspan="3">汇款单位</td><td>全　称</td><td colspan="3">华峰电缆厂</td></tr>
<tr><td>账　号</td><td colspan="3">2606004287</td><td>账　号</td><td colspan="3">2400213218</td></tr>
<tr><td>汇　入
地　点</td><td>××省
江东市</td><td>汇入行
名　称</td><td>市工行营业部</td><td>汇　出
地　点</td><td>××省
湖山市</td><td>汇出行
名　称</td><td>市工行营业部</td></tr>
<tr><td>金额</td><td colspan="5">人民币（大写）贰拾玖万壹仟零捌拾伍元整</td><td colspan="4">千 百 十 万 千 百 十 元 角 分
　 ¥ 2 9 1 0 8 5 0 0</td></tr>
<tr><td colspan="6">汇款用途：货款及运杂费
上列款项已根据委托办理，如需查询，请持此回单来行面洽。
单位主管 略　会计 略　复核 略　记账 略</td><td colspan="4">（汇出行盖章）
2024年6月5日</td></tr>
</table>

此联是汇出银行给汇款单位的回单

业务 2$\frac{5}{5}$

收　料　单

供应单位：华新冶炼厂　　2024年6月5日　　材料科目：原材料　　编号：021

发票号码：24312000000538546186　　　　仓库：1号库

<table>
<tr><td rowspan="3">材料编号</td><td rowspan="3">名称</td><td rowspan="3">规格</td><td rowspan="3">计量单位</td><td colspan="2">数量</td><td colspan="5">实际成本</td><td colspan="2">计划成本</td></tr>
<tr><td rowspan="2">应收</td><td rowspan="2">实收</td><td colspan="2">买　价</td><td rowspan="2">运费</td><td rowspan="2">其他</td><td rowspan="2">合　计</td><td rowspan="2">单位成本</td><td rowspan="2">金额</td></tr>
<tr><td>单价</td><td>金额</td></tr>
<tr><td>1101</td><td>电解铜板</td><td></td><td>千克</td><td>10</td><td>10</td><td>25 700</td><td>257 000</td><td>500</td><td>130</td><td>257 630</td><td></td><td></td></tr>
<tr><td></td><td></td><td></td><td></td><td></td><td></td><td></td><td></td><td></td><td></td><td></td><td></td><td></td></tr>
<tr><td></td><td></td><td></td><td></td><td></td><td></td><td></td><td></td><td></td><td></td><td></td><td></td><td></td></tr>
</table>

收料人：王　兵　　　　经手人：谷　哲

（3）6月7日，承付货款，材料尚未到达（销售方代垫运费）。

业务3 1/3

ICBC 中国工商银行托收承付结算凭证（支款通知） 5

委邮

委托日期：2024年6月7日　　托收号码：0015268

收款人	全称	华新冶炼厂		付款人	全称	华峰电缆厂
	账号	2606004287			账号	2400213218
	开户银行	江东市工行营业部	行号 2023		开户银行	潮山市工行营业部
托收金额	人民币（大写）	肆拾肆万陆仟伍佰肆拾肆元整			千百十万千百十元角分	¥44654400
附件		商品发运情况			合同名称号码	
附寄单证张数或册数	2	汽运			略	
备注：		上列托收款项如超过承付期限并未拒付即视同全部承付。			付款单位开户银行盖章　年　月　日	

中国工商银行潮山市营业部
2024.06.07
业务章

此联是付款人开户银行通知付款人按期承付货款的支款通知

业务3 2/3

电子发票（增值税专用发票）

全国统一发票监制章 国家税务总局 江东市税务局

发票号码：24312000000538546187
开票日期：2024年06月02日

购买方信息 名称：华峰电缆厂 统一社会信用代码/纳税人识别号：91370910003152638A	销售方信息 名称：华新冶炼厂 统一社会信用代码/纳税人识别号：91320600003142638A

项目名称	规格型号	单位	数量	单价	金额	税率/征收率	税额
*有色金属压延材*电解铜板		千克	8	25 750.00	206 000.00	13%	26 780.00
*有色金属压延材*电解铝锭		千克	12	15 700.00	188 400.00	13%	24 492.00
合计					¥394 400.00		¥51 272.00
价税合计（大写）	⊗肆拾肆万伍仟陆佰柒拾贰元整				（小写）¥445 672.00		
备注							

开票人：张伟

业务3 3/3

货物运输服务

电子发票（增值税专用发票）

全国统一发票监制章 国家税务总局 江东市税务局

发票号码：24141000000039007732
开票日期：2024年06月02日

购买方信息 名称：华峰电缆厂 统一社会信用代码/纳税人识别号：91370910003152638A	销售方信息 名称：江东运输公司 统一社会信用代码/纳税人识别号：91133017214360015X

项目名称	单位	数量	单价	金额	税率/征收率	税额
*运输服务*陆路货物运输服务	项	1	800.00	800.00	9%	72.00
合计				¥800.00		¥72.00

运输工具种类	运输工具牌号	起运地	到达地	运输货物名称
大卡车	江B45670	江东市	潮山市	电解铜板、电解铝锭

价税合计（大写）	⊗捌佰柒拾贰元整　（小写）¥872.00
备注	

开票人：李宁雨

（4）6月8日，领料。

业务4　领料单位：加工车间　　**领　料　单**　　编号：031

用　　途：设备维修　　2024年6月8日　　仓库：4号库

材料编号	材料名称及规格	计量单位	数量		价格		备注
			请领	实领	单价	金额	
1401	轴承	套	20	20			

领料单位负责人：齐春义　　领料人：李明　　发料人：赵宏　　制单：刘东

（5）6月10日，加工车间领用电解铜板5千克、电解铝锭3千克，填写该月限额领料单（见业务1）。

（6）6月16日，加工车间领用电解铜板10千克、电解铝锭10千克，填写该月限额领料单（见业务1）。

（7）6月16日，月初在途材料验收入库。

业务7 $\frac{1}{2}$　供应单位：上海轴承厂　　**收　料　单**　　材料科目：原材料　　编号：022

发票号码：24312000005300134310　2024年6月16日　　仓库：4号库

材料编号	名称	规格	计量单位	数量		实际成本					计划成本	
				应收	实收	买价		运费	其他	合计	单位成本	金额
						单价	金额					
1401	轴承	D7520	套	40	40	136	5 440	80		5 520		

收料人：董　梅　　经手人：徐　哲

业务7 $\frac{2}{2}$　供应单位：江中物资公司　　**收　料　单**　　材料科目：原材料　　编号：023

发票号码：24312000005303268470　2024年6月16日　　仓库：1号库

材料编号	名称	规格	计量单位	数量		实际成本					计划成本	
				应收	实收	买价		运费	其他	合计	单位成本	金额
						单价	金额					
1101	电解铜板		千克	8	8	20 137.5	161 100	700		161 800		

收料人：王　兵　　经手人：徐　哲

（8）6月18日，领料。

业务8　领料单位：加工车间　　**领　料　单**　　编号：032

用　　途：设备维修　　2024年6月18日　　仓库：4号库

材料编号	材料名称及规格	计量单位	数量		价格		备注
			请领	实领	单价	金额	
1401	轴承	套	8	8			

领料单位负责人：乔春义　　领料人：李明　　发料人：赵宏　　制单：刘东

（9）6月20日，购入材料一批，增值税当月符合抵扣规定，已抵扣。

业务9 $\frac{1}{3}$

电子发票（增值税专用发票）　　发票号码：24312000000106546387

开票日期：2024年06月20日

购买方信息	销售方信息
名称：华峰电缆厂 统一社会信用代码/纳税人识别号： 91370910003152638A	名称：潮山市轴承厂 统一社会信用代码/纳税人识别号： 91370100024032457A

项目名称	规格型号	单位	数量	单价	金额	税率/征收率	税额
*黑色金属冶炼压延品*轴承		套	10	140.00	1 400.00	13%	182.00
合　计					¥1 400.00		¥182.00
价税合计（大写）	⊗壹仟伍佰捌拾贰元整				（小写）¥1 582.00		
备注							

开票人：龚平

业务9 $\frac{2}{3}$

中国工商银行
转账支票存根（粤）

№00362926

附加信息

出票日期：2024年6月20日

收款人：	潮山市轴承厂
金　额：	¥1 582.00
用　途：	购料

单位主管　王平　　会计　刘新

业务9 3/3　供应单位：潮山市轴承厂

收　料　单

材料科目：原材料　编号：024

发票号码：24312000000106546387　2024年6月20日　仓库：4号库

材料编号	名称	规格	计量单位	数量		实际成本					计划成本	
				应收	实收	买价		运费	其他	合计	单位成本	金额
						单价	金额					
1401	轴承		套	10	10	140	1 400			1 400		

收料人：董　梅　　经手人：赵　柔

（10）6月23日，6月7日付款的材料验收入库，填写收料单。

业务10 1/5

材料损耗报告单

2024年6月23日　单位：元

供应单位	材料名称及规格	计量单位	损耗数量	单价	价款	税额	价税合计	损耗原因	处理意见
华新冶炼厂	电解铜板	千克	0.5	25 750	12 875	1 673.75	14 548.75	运输途中丢失	由江东运输公司赔偿
合计									

审批：略　　检验：略　　保管：王　兵　　制单：李　玉

业务10 2/5

赔　偿　请　求　单

2024年6月23日　单位：元

货物名称	电解铜板	发运单位	华新冶炼厂	票据号码	24312000000538546187	发运数量	8千克
价款	206 000.00元	运费			到达实收	7.5千克	
损失品种	电解铜板	损失数量	0.5千克	要求赔偿金额		14 548.75元	
损失原因	货物在运输途中丢失，系江东运输公司责任，请求赔偿价税合计14 548.75元						

（印章：华峰电缆厂；江东运输公司）

请求赔偿单位：华峰电缆厂　　赔偿单位：江东运输公司

业务10 3/5

材料运费分配表

2024年6月23日　单位：元

材料名称	分配标准（重量：千克）	分配率	分配额	备　注
电解铜板				
电解铝锭				
合　计				

业务 $10\frac{4}{5}$ 供应单位：华新冶炼厂

收 料 单

材料科目：原材料 编号：025

发票号码：24312000000538546187 2024年6月23日 仓库：1号库

材料编号	名称	规格	计量单位	数量		实际成本					计划成本	
				应收	实收	买价		运费	其他	合计	单位成本	金额
						单价	金额					
1101	电解铜板		千克	8	7.5	25 750	193 125					

收料人：王 兵 经手人：李 玉

业务 $10\frac{5}{5}$ 供应单位：华新冶炼厂

收 料 单

材料科目：原材料 编号：026

发票号码：24312000000538546187 2024年6月23日 仓库：1号库

材料编号	名称	规格	计量单位	数量		实际成本					计划成本	
				应收	实收	买价		运费	其他	合计	单位成本	金额
						单价	金额					
1102	电解铝锭		千克	12	12	15 700	188 400					

收料人：王 兵 经手人：李 玉

（11）6月30日，对库存材料进行实地盘点，清查结果见账存实存对比表。

业务 11

账存实存对比表

单位名称： 年 月 日

类别名称	计量单位	单价	实存		账存		对比结果				备注
							盘盈		盘亏		
			数量	金额	数量	金额	数量	金额	数量	金额	
电解铜板	千克		35								
电解铝锭	千克		17								
轴承	套		42								

（12）6月30日，编制发料凭证汇总表，据以结转发出材料实际成本。

业务12

发料凭证汇总表

年　　月份

应贷科目 \ 金额 \ 应借科目							合计
原材料	原料及主要材料						
	辅助材料						
	修理用备件						
	燃　料						
	合　计						
低值易耗品							
总　计							

（13）6月30日，期末对存货逐项检查，编制存货跌价准备计提表，据以计提减值准备。

业务13

存货跌价准备计提表

金额单位：元

类别名称	数量	实际成本	可变现净值	预计跌价	备注
电解铜板	35千克		900 000		
电解铝锭	17千克		326 060		
轴承	42套		5 700		

（三）实训任务

1.根据资料1、2开设原材料总账及所属明细账，登记月初余额。

2.根据收料业务编制记账凭证，并据以登记原材料总账。

3.根据收料单、领料凭证顺序登记材料明细账。

4.月终根据原材料明细账，按全月一次加权平均法计算各种材料平均单位成本和发出材料的实际成本，并进行月结。

5.对本月的领发料凭证进行划价，并编制“发料凭证汇总表”，据以编制记账凭证，登记材料总账，并进行结账。

6.将所登记的总账和明细账进行核对。

7.期末计提存货跌价准备，填制记账凭证并登记有关账簿。

（四）实训指引

1.实训形式：分组实训，每组两人，分为仓库保管员和会计人员。

2.实训时间：本项实训约需40分钟。

3.实训用纸：付款凭证3张；转账凭证8张；总分类账账页1张；数量金额式明细账账页3张。

实训三　固定资产核算实训

（一）实训目的

通过实训使学生了解固定资产增加的来源和减少的原因，熟悉折旧计算方法，掌握固定资产总分类核算的会计处理。

（二）实训资料

苏州针织有限责任公司为增值税一般纳税人，购入固定资产支付的增值税当月均已认证可以抵扣。该公司2024年4月份有关固定资产的业务资料如下：

1.2024年4月5日，购置不需安装的设备。

业务1 1/3

电子发票（增值税专用发票）

发票号码：24312000005383461871

开票日期：2024年04月05日

购买方信息	名称：苏州针织有限责任公司 统一社会信用代码/纳税人识别号： 91370982310042169A
销售方信息	名称：苏州机电公司 统一社会信用代码/纳税人识别号： 91260213010135268A

项目名称	规格型号	单位	数量	单价	金额	税率/征收率	税额
*设备*程控交换机	HJ	台	1	200 000.00	200 000.00	13%	26 000.00
合　计					¥200 000.00		¥26 000.00
价税合计（大写）	⊗贰拾贰万陆仟元整				（小写）¥226 000.00		
备注							

开票人：李兵

业务1 2/3

ICBC 中国工商银行　转账支票（苏）

№ 21529461

本支票付款期限十天

出票日期（大写）：贰零贰肆年零肆月零伍日　　付款行名称：工行新通支行

收款人：苏州机电公司　　出票人账号：430002183421

人民币（大写）	千	百	十	万	千	百	十	元	角	分
贰拾贰万陆仟元整		¥	2	2	6	0	0	0	0	0

用途 付程控交换机购置费

上列款项请从

我账户内支付

出票人签章　　密码 108298069999

复核 略　记账 刘国民　验印 略

业务 1 $\frac{3}{3}$

固定资产验收交接单

№ 0008757

2024年4月5日　　　　金额单位：元

资产编号	资产名称	型号、规格或结构面积	计量单位	数量	设备价值或工程造价	设备基础及安装费用	附加费用	合计
	程控交换机	HJ	台	1	200 000.00			200 000.00

资产来源		耐用年限		主要附属设备	
制造厂名	苏州机电公司	估计残值			
制造日期及编号	年 No	基本折旧率			
工程项目或使用部门		复杂系数	机械　电气		

本单分送财务部门、交接双方及上级有关资产管理部门

交验部门主管　刘　源　　点交人　刘　明　　接管部门主管　黎昭坤　　接管人　张　苹

2.4月11日，企业改扩建厂房工程领用工程物资。

业务 2

领　料　单

领料单位：施工一队　　编号：01

用　　途：厂房改建　　2024年4月11日　　仓库：3号库

材料编号	材料名称及规格	计量单位	数量		价格		备注
			请领	实领	单价	金额	
1502	盘圆钢筋	吨	80	80	1 240.00	99 200.00	

第二联　记账联

领料单位负责人：丁　乐　　领料人：江　云　　发料人：赵　宏　　制单：李　琳

3.4月12日，购置热拉机（需安装）1台。

业务 3 $\frac{1}{5}$

电子发票（增值税专用发票）

发票号码：24312000000538548716

开票日期：2024年04月12日

购买方信息	名称：苏州针织有限责任公司 统一社会信用代码/纳税人识别号： 91370982310042169A	销售方信息	名称：上海通用机械厂 统一社会信用代码/纳税人识别号： 91370982310060302A

项目名称	规格型号	单位	数量	单价	金额	税率/征收率	税额
*设备*热拉机	734BN-180	台	1	63 188.00	63 188.00	13%	8 214.44
合　计					¥63 188.00		¥8 214.44
价税合计（大写）	⊗柒万壹仟肆佰零贰元肆角肆分				（小写）¥71 402.44		
备注							

开票人：张娟

业务3 $\frac{2}{5}$

ICBC 中国工商银行信汇凭证（回单） 1

委托日期：2024年4月12日　　　　第0874321号

收款单位	全称	上海通用机械厂		汇款单位	全称	苏州针织有限责任公司	
	账号	430002183124			账号	430002183421	
	汇入地点	××省上海市	汇入行名称：工行三林支行		汇出地点	江苏省苏州市	汇出行名称：工行新道支行
金额	人民币（大写）柒万壹仟肆佰零贰元肆角肆分					千百十万千百十元角分	¥71 024 4 → ¥7140244
汇款用途：购热拉机				（汇出行盖章）			
上列款项已根据委托办理，如需查询，请持此回单来行面洽。				2024年4月12日			
单位主管 略　会计 略　复核 略　记账 略							

中国工商银行苏州市新道支行 2024.04.12 业务章

此联是汇出银行给汇款单位的回单

业务3 $\frac{3}{5}$

电子发票（增值税专用发票）

全国统一发票监制章 国家税务总局 苏州市税务局

发票号码：24312000000512713905
开票日期：2024年04月12日

购买方信息　名称：苏州针织有限责任公司　统一社会信用代码/纳税人识别号：91370982310042169A	销售方信息　名称：苏州机电公司　统一社会信用代码/纳税人识别号：91260213010135268A

项目名称	规格型号	单位	数量	单价	金额	税率/征收率	税额
*劳务*安装费		项	1	15 599.89	15 599.89	6%	935.99
合计					¥15 599.89		¥935.99
价税合计（大写）	⊗壹万陆仟伍佰叁拾伍元捌角捌分				（小写）¥16 535.88		
备注							

开票人：李兵

业务3 $\frac{4}{5}$

ICBC 中国工商银行 转账支票（苏）

№ 21529462

本支票付款期限十天

出票日期（大写）：贰零贰肆年零肆月壹拾贰日	付款行名称：工行新道支行
收款人：苏州机电公司	出票人账号：430002183421

人民币（大写）	千	百	十	万	千	百	十	元	角	分
壹万陆仟伍佰叁拾伍元捌角捌分			¥	1	6	5	3	5	8	8

用途 付热拉机安装费
上列款项请从
我账户内支付
出票人签章

苏州针织有限责任公司 财务专用章　李天志印

密码 108298068800

复核 略　记账 刘国民　验印 略

业务3 5/5

固定资产验收交接单

№ 0008759

2024年4月16日　　　　金额单位：元

资产编号	资产名称	型号、规格或结构面积	计量单位	数量	设备价值或工程造价	设备基础及安装费用	附加费用	合计
	热拉机	734BN-180	台	1	63 188.00	15 599.89		78 787.89

资产来源		耐用年限		主要附属设备	1.MH 602J-180
制造厂名	上海通用机械厂	估计残值			2.MH 56J-18
制造日期及编号	年№	基本折旧率			
工程项目或使用部门		复杂系数	机械　电气		

交验部门主管　刘　源　　点交人　刘　明　　接管部门主管　黎昭坤　　接管人　张　萍

本单分送财务部门、交接双方及上级有关资产管理部门

4. 4月19日，报废固定资产转入清理。

业务4 1/3

固定资产卡片

类别：房屋

名　　称	简易仓库	资产编号	7-10-104
型号（结构）	砖木石棉瓦	规格（m²）	20*30
制（建）造厂名	苏州市建筑公司	出厂时间	
使用单位	一分厂	出厂编号	
资金来源	盈余公积	折旧年限	6年
列账凭证	转字988236	启用年月	2020年3月
附件或附属物		固定资产原价	120 000.00
		年折旧率	
调拨转移记录		预计净残值	4 800.00
报废清理记录		备　　注	折旧方法：直线法
中间停用记录			

业务4 2/3

固定资产报废申请书

申报单位：苏州针织有限责任公司　　　　固定资产编号：7-10-104

名　　称	简易仓库	出厂时间		出厂编号	
型号、规格	砖木石棉瓦20*30	投产时间	2020年3月	单　　位	m²
制造厂	苏州市建筑公司	使用单位	一分厂		
原值（元）	120 000.00	净值（元）	41 600.00		
已折旧（元）	78 400.00	残值（元）	4 800.00		

报废原因：

2024年4月5日，由于简易仓库线路超载短路产生电弧高温，引起熔金击穿汽油桶，发生火灾。

报告人：赵　文

2024年4月5日

资产管理部门意见	同意报废 2024年4月6日	厂部意见	同意报废 2024年4月18日

（印章：苏州针织有限责任公司；苏州市国有资产管理局 业务专用章）

业务4 3/3

苏州市公安局

火灾原因鉴定书

（市）公消监〔2024〕火字第682号

2024年4月5日，苏州针织有限责任公司一分厂600平方米“简易仓库”失火，经我方与该厂职工奋力扑救，终因火势过大导致仓库被毁。事后经勘查现场，发现供电线路有明显熔化块状和汽油桶穿孔痕迹，这些均与目击者提供情况及我方技术鉴定结果相吻合。因此，火灾原因系线路超载短路产生电弧高温，引起熔金击穿汽油桶（系仓库清洁使用）所致。

特此鉴定

苏州市公安局 第四消防中队（盖　章）

2024年4月18日

抄送：中国人民保险公司苏州市分公司

5.4月20日，支付火灾仓库清理费。

业务5 1/2

ICBC 中国工商银行　转账支票（苏）

№ 21529463

本支票付款期限十天

出票日期(大写)：贰零贰肆年零肆月零贰拾日　　付款行名称：工行新通支行

收款人：苏州市劳务服务公司　　出票人账号：430002183421

人民币（大写）	千	百	十	万	千	百	十	元	角	分
贰仟陆佰伍拾元整				¥	2	6	5	0	0	0

用途 付仓库清理费

上列款项请从

我账户内支付

苏州针织有限责任公司 财务专用章　　天李 印志

出票人签章

密码 108298068898

复核 略　　记账 刘国民　　验印 略

业务5 2/2

电子发票（增值税专用发票）

发票号码：24312000000512713301

开票日期：2024年04月20日

购买方信息	名称：苏州针织有限责任公司 统一社会信用代码/纳税人识别号： 91370982310042169A	销售方信息	名称：苏州市劳务服务公司 统一社会信用代码/纳税人识别号： 911234567890123456

项目名称	规格型号	单位	数量	单价	金额	税率/征收率	税额
*劳务*仓库清理费		项	1	2 500.00	2 500.00	6%	150.00
合　计					¥2 500.00		¥150.00
价税合计（大写）	⊗贰仟陆佰伍拾元整				（小写）¥2 650.00		
备注							

开票人：黄倩

6.4月21日，收到保险公司赔款（收款通知略）。

业务6

中国人民保险公司苏州市分公司

出险损失计算书

赔案编号	02120648	被保险人	苏州针织有限责任公司		
保险单号码	02010072	起运通知单号次			
批单号次		保品	房屋建筑物等资产		
保险金额	120 000.00	承保条件			
保险期限	自2023至2024 年5月1日 起止	运输工具名称及吨位		号次	
出险日期	2024年4月5日18时20分	起讫地点	自	经	到
出险地点	苏州针织有限责任公司一分厂简易仓库				

赔款原因：

根据《中华人民共和国保险法》有关规定及事故单位02010072号投保单、公安局火灾原因鉴定书等资料，理赔损失财产净额的95%，其余由事故单位承担。

赔款计算：

损失财产原值120 000元，累计折旧78 400元，净值41 600元，减去应由事故单位负担的5%即2 080元，应理赔金额39 520元。

本案责任	保品损失	¥41 600.00	证明文件
	第三者责任	¥2 080.00	（市）公消监［2024］火字第682号
	共计（大写）叁万玖仟伍佰贰拾元整	¥ 39 520.00	赔讫日期2024年4月21日

（印章：中国人民保险公司苏州市分公司）

核定：张　玉　　　审核：刘北海　　　编制：王东武

7.4月28日，结转仓库清理净损益。

业务7

固定资产处置清理损益计算单

2024年4月28日

清理项目	简易仓库	清理原因	火灾毁损
固定资产清理借方发生额		固定资产清理贷方发生额	
清理支出内容	金额	清理收入内容	金额
固定资产净值	41 600.00	保险公司赔款	39 520.00
清理费用	2 500.00		
借方合计	44 100.00	贷方合计	39 520.00
固定资产清理净损失金额：人民币肆仟伍佰捌拾元整			¥4 580.00

财务主管：李一凡　　　制单：王　明　　　复核：高玉柱

8.4月30日，计提本月折旧。

业务8

固定资产折旧计算表

2024年4月份　　　　单位：元

使用单位和固定资产类别		上月计提折旧额	上月增加的固定资产应计提的折旧额	上月减少的固定资产应计提的折旧额	本月应计提折旧额
针织分厂	一分厂	4 502	160		4 662
	二分厂	3 938	1 000	648	4 290
	三分厂	5 441	1 260	701	6 000
	四分厂	5 549			5 549
	小　计	19 430	2 420	1 349	20 501
印染车间		2 781			2 781
机修车间		2 034			2 034
供汽车间		1 622			1 622
厂部管理部门		5 553			5 553
合　　计		31 420	2 420	1 349	32 491

主管：略　　　　审核：略　　　　制表：叶　苹

9.4月30日，核销盘亏固定资产。

业务9

便　函

苏州针织有限责任公司：

贵单位上月挂账盘亏C620车床1台，净值3 000元，经总公司办公会议研究，同意予以核销。

特此批复。

苏州市针织总公司

2024年4月30日

10.4月30日，经董事会批准，对固定资产计提减值准备。

业务10

苏州针织有限责任公司董事会决议（摘要）

2024年4月25日公司召开第七届董事会。公司于2024年4月5日购入的价值200 000元的程控交换机，由于其生产产品不合格率较高，经技术专家及有关部门鉴定，董事会研究决定，按购价的20%计提固定资产减值准备。

（三）实训任务

根据提供的有关原始凭证，编制记账凭证。

（四）实训指引

1.实训形式：单人独立实训。

2.实训时间：本项实训约需30分钟。

3.实训用纸：收款凭证1张；付款凭证4张；转账凭证7张。

实训四　金融资产与长期股权投资核算实训

（一）实训目的

了解金融资产与长期股权投资核算的程序，掌握金融资产的计价方法和账务处理。

（二）实训资料

兴业高科股份公司有关投资业务的核算资料如下：

1.2024年6月1日，该企业有关总账和明细账的月初余额（金额单位：元）如下：

总账账户	明细账户	借或贷	月初余额	备　注
交易性金融资产	齐鲁石化	借	50 400	3 000股
长期股权投资	南山实业	借	20 000 000	1 000万股，占55%，控股
债权投资	国库券(面值)	借	100 000	100份
	应计利息	借	3 000	计提至2023年年末
长期股权投资减值准备	南山实业	贷	100 000	

注：本书所涉及公司名称及资料均为实训模拟用，与实际公司业务无关。

2.该企业2024年6月至12月发生的有关投资业务如下：

（1）6月5日，向证券交易所划出资金。

业务 $1\frac{1}{2}$

ICBC 中国工商银行进账单（受理证明） 2

2024年6月5日　　　　第1234号

<table>
<tr><td>收款人全称</td><td colspan="3">兴业高科股份公司（投资款专户）</td><td>账号</td><td colspan="2">2403166818—2876</td></tr>
<tr><td></td><td colspan="3"></td><td>开户行</td><td colspan="2">工行证券部</td></tr>
<tr><td>人民币（大写）</td><td colspan="4">贰拾万元整</td><td>千百十万千百十元角分</td><td>¥20000000</td></tr>
<tr><td rowspan="2">付款人</td><td>全称或账号</td><td>开户行</td><td>票据种类</td><td>金额（十万千百十元角分）</td><td>全称或账号</td><td>开户行</td><td>票据种类</td><td>金额（十万千百十元角分）</td></tr>
<tr><td>兴业高科股份公司</td><td>工行泰山市营业部</td><td>转支</td><td>20000000</td><td></td><td></td><td></td><td></td></tr>
<tr><td colspan="9">中国工商银行泰山市营业部 2024.06.05 票据交换专用章
收款人开户行盖章</td></tr>
</table>

单位主管　丁力　　会计　张明文　　复核　张玲　　记账　李梅

业务 1 $\frac{2}{2}$

中国工商银行（鲁）
转账支票存根
№00297386

附加信息

出票日期：2024年6月5日

收款人：	本公司投资户
金　额：	¥200 000.00
用　途：	投资款

单位主管 丁力　　会计 张明文

（2）6月10日，购入股票作为交易性金融资产。

业务 2

成交过户交割凭单　　买

6/10/2024

股东编号：	A129626400	成交证券：	新潮实业
电脑编号：	548167	成交数量：	5 000（股）
公司代号：	975	成交价格：	20.00
申请编号：	888	成交金额：	100 000.00
申报时间：	13:16:42	标准佣金：	100.00
成交时间：	13:17:10	过户费用：	5.00
上次余额：	0（股）	印花税：	0
本次成交：	5 000（股）	应付金额：	100 105.00
本次余额：	5 000（股）	附加费用：	0
本次库存：	5 000（股）	实付金额：	100 105.00

②通知联

泰山证券交易所

经办单位（略）　　客户签章 赵平

（3）6月20日，售出交易性股票投资。

业务 3

成交过户交割凭单　　卖

6/20/2024

股东编号：	A129626400	成交证券：	新潮实业
电脑编号：	548167	成交数量：	4 000（股）
公司代号：	975	成交价格：	28.86
申请编号：	666	成交金额：	115 440.00
申报时间：	09:24:28	标准佣金：	115.44
成交时间：	09:50:10	过户费用：	4.00
上次余额：	5 000（股）	印花税：	115.44
本次成交：	4 000（股）	应收金额：	115 205.12
本次余额：	1 000（股）	附加费用：	0
本次库存：	1 000（股）	实收金额：	115 205.12

②通知联

泰山证券交易所

经办单位（略）　　客户签章 赵平

（4）6月26日，售出交易性股票投资。

业务4

6/26/2024	成交过户交割凭单		卖
股东编号：	A129626400	成交证券：	齐鲁石化
电脑编号：	548167	成交数量：	2 000（股）
公司代号：	975	成交价格：	16.00
申请编号：	1016	成交金额：	32 000.00
申报时间：	10:38:18	标准佣金：	32.00
成交时间：	10:58:08	过户费用：	2.00
上次余额：	3 000（股）	印花税：	32.00
本次成交：	2 000（股）	应收金额：	31 934.00
本次余额：	1 000（股）	附加费用：	0
本次库存：	1 000（股）	实收金额：	31 934.00

②通知联

泰山证券交易所

经办单位（略） 客户签章 赵平

（5）6月30日，按期末公允价值对交易性金融资产计价。

业务5

公允价值变动损益计算表

年 月 日 金额单位：元

投资项目	持有股（份）数	单位市价	账面成本	市价总额	公允价值变动损益
新潮实业股票		19.80			
齐鲁石化股票		17.00			
合 计					

（6）6月30日，计提长期股权投资减值准备。

业务6

长期股权投资减值准备计算表

年 月 日 金额单位：元

投资项目	持有股（份）数	账面价值	预计可收回金额	“长期股权投资减值准备”账户已有余额	期末计提减值准备
股票投资（南山实业）			19 500 000		
合 计					

（7）7月1日，购入股票作为长期股权投资。

业务7

7/1/2024	成交过户交割凭单		买
股东编号：	A129626400	成交证券：	九江化纤
电脑编号：	548167	成交数量：	500 000股
公司代号：	975	成交价格：	9.00
申请编号：	958	成交金额：	4 500 000.00
申报时间：	09:29:15	标准佣金：	4 500.00
成交时间：	09:50:30	过户费用：	500.00
上次余额：	0（股）	印花税：	0
本次成交：	500 000（股）	应付金额：	4 505 000.00
本次余额：	500 000（股）	附加费用：	0
本次库存：	500 000（股）	实付金额：	4 505 000.00

②通知联

（印章：泰山证券交易所）

经办单位（略）　　　　客户签章　赵　平

注：购入股票占九江化纤股份有限公司全部股份的40%。根据九江化纤股份有限公司中期财务报告，中期期末所有者权益总额为750万元（与公允价值一致），其中上半年实现的净利润为50万元。

（8）10月16日，购入股票作为交易性金融资产。

业务8

10/16/2024	成交过户交割凭单		买
股东编号：	A129626400	成交证券：	齐鲁石化
电脑编号：	548167	成交数量：	4 000（股）
公司代号：	975	成交价格：	15.00
申请编号：	1216	成交金额：	60 000.00
申报时间：	09:38:18	标准佣金：	60.00
成交时间：	09:58:08	过户费用：	4.00
上次余额：	1 000（股）	印花税：	0
本次成交：	4 000（股）	应付金额：	60 064.00
本次余额：	5 000（股）	附加费用：	0
本次库存：	5 000（股）	实付金额：	60 064.00

②通知联

（印章：泰山证券交易所）

经办单位（略）　　　　客户签章　赵　平

（9）12月31日，有关公司报告当年实现的净损益。

业务9

净损益

公司名称	2024年实现的净损益(元)
南山实业	-512 000
九江化纤	1 200 000

（10）12月31日，计提本年国库券利息收入。

业务10

债券投资利息收益计算表

2024年12月31日　　　　金额单位：元

债券名称	票面要素：发行日期	到期日期	票面价值	利率	偿还方式	其他	购买日期	购买份数	购买成本	折(溢)价	本期摊销折溢价	投资损益	其他
国库券	2023年7月1日	2026年7月1日	1 000	6%	到期还本付息		2023年7月1日	100	100 000				

主管：丁　力　　　　审核：刘　文　　　　制单：张明明

（11）12月31日，按期末公允价值对交易性金融资产计价。

业务11

公允价值变动损益计算表

年　　月　　日　　　　金额单位：元

投资项目	持有股（份）数	单位市价	账面价值	市价总额	公允价值变动损益
新潮实业股票		20.00			
齐鲁石化股票		15.00			
合　计					

（12）12月31日，计提长期股权投资减值准备。

业务12

长期股权投资减值准备计算表

年　　月　　日　　　　金额单位：元

投资项目	持有股(份)数	账面价值	预计可收回金额	“长期股权投资减值准备”账户已有余额	期末计提减值准备
股票投资（南山实业）			20 000 000		
股票投资（九江化纤）			4 900 000		
合　计					

（三）实训任务

1.根据资料1开设“交易性金融资产”“长期股权投资”“债权投资”“长期股权投资减值准备”总账及其明细账，登记月初余额。

2.根据资料2提供的经济业务编制记账凭证，并据以登记所开设的有关总账和明细账。

3.计算中期期末和年末公允价值变动损益及长期股权投资减值准备，编制相应的计算表。

4.将所开设的总账和明细账进行结账，并对账。

（四）实训指引

1.实训形式：单人独立实训。

2.实训时间：本项实训约需60分钟。

3.实训用纸：收款凭证2张；付款凭证4张；转账凭证8张；总账账页4张；明细账账页10张；凭证封面1张。

实训五　负债核算实训

（一）实训目的

了解借款及发行债券办理的凭证手续；掌握借款与债券的取得、计息、偿还等业务的账务处理方法。

（二）实训资料

1.钱江发动机厂2024年1月初短期借款月初余额资料如下：

“短期借款”总账月初贷方余额400 000元。该项借款为生产周转借款，贷款银行为中国工商银行滨江市宾西支行，存款账号27104001242，贷款账号131，借款日期为2023年7月31日，借款期为6个月，月利率2.4‰，每3个月结付一次利息，利息按月计提。

2.2024年发生部分经济业务如下：

（1）1月1日，取得短期借款。

业务1 $\frac{1}{2}$

中国工商银行短期借款合同

中国工商银行滨江市宾西支行（以下简称贷款方）

钱江发动机厂（以下简称借款方）

东安机械厂（以下简称保证方）

为明确责任，恪守合同，特签订本合同，共同信守。

一、贷款种类：工业企业短期借款

二、借款金额：人民币伍拾万元整

三、借款用途：进口原材料

四、借款利率：月息2‰，按季收息，利随本清。如遇国家调整利率，按调整后的规定利率计算。

五、借款期限：借款时间自2024年1月1日至2024年8月31日止。

六、还款资金来源：营业收入

七、还款方式：转账

八、保证条款：借款方请东安机械厂作为自己借款的保证方。经贷款方审查，证实保证方具有担保资格和足够代偿借款的能力。保证方有权检查和督促借款方履行合同。当借款方不履行合同时，由保证方连带承担偿还借款本息的责任。必要时，贷款方可以从保证方的存款账户内扣收贷款本息。

九、违约责任：（略）

合同的附件：（略）

本合同经各方签字后生效，贷款本息全部清偿后自动失效。

本合同正本一式三份，贷款方、借款方、保证方各执一份；合同副本 / 份，报送 / 有关单位各留存一份。

贷款方（公章）（中国工商银行滨江市宾西支行 贷款合同专用章）	借款方（公章）（钱江发动机厂）	保证方（公章）（东安机械厂）
法定代表人（盖章）刘军	法定代表人（盖章）谢荣印	法定代表人（盖章）赵永和
2024年1月1日	2024年1月1日	2024年1月1日

借款方开户银行：中国工商银行滨江市宾西支行

借款方账号：27104001242

业务 $1\frac{2}{2}$

ICBC 中国工商银行借款借据（收账通知）　⑤

借款企业名称：钱江发动机厂　　　　2024年1月1日

贷款种类	短期借款	贷款账号	132	存款账号	工行滨江市宾西支行 27104001242
借款金额	人民币（大写）伍拾万元整				亿 千 百 十 万 千 百 十 元 角 分 ¥ 5 0 0 0 0 0 0 0
借款用途：进口原材料					
约定还款期：	期限8个月	于2024年8月31日到期			
上列借款已批准发放，转入你单位存款账户。 此致 （银行签章）			单位分录： （借） （贷） 主管 略　会计 略　复核 略　记账 略 2024年1月1日		

中国工商银行 滨江市宾西支行 转讫 (1)

此联转账后退还借款单位

（2）1月1日，向中国建设银行借款120万元，并于3月1日用于新车间基本建设。企业按年计息。

业务 $2\frac{1}{3}$

核定贷款指标通知

2024年度

贷款种类：基建贷款　　　　贷款级别：中央　　　　第12号

贷款单位：钱江发动机厂　　　　主管部门：航天部

贷款经办行：中国建设银行天顶支行　　　　核定指标行：中国建设银行山东省分行

本次核定指标	亿 千 百 十 万 千 百 十 元 角 分 ¥ 1 2 0 0 0 0 0 0 0	累计核定指标	亿 千 百 十 万 千 百 十 元 角 分 ¥ 1 2 0 0 0 0 0 0 0
说明	根据××××年×月×日×号文件核定。	签发行盖章： 复核：　　记账：	

中国建设银行山东省分行 (投一) 贷款指标专用章

行长：张　侠　　　　业务主管：孙晓东　　　　经办人：贺　芸

业务 $2\frac{2}{3}$

中国建设银行借款合同

立合同单位：

借款单位（简称甲方）钱江发动机厂

贷款银行（简称乙方）中国建设银行天顶支行

借款保证单位（简称保证方）天祥物业股份有限公司

甲方为进行建设和发展的需要，依据中国建设银行山东省分行下达的贷款指标，特向乙方申请借款，经乙方审查同意发放。为明确双方责任，恪守信用，特签订本合同，共同遵守。

一、甲方向乙方借款人民币（大写）壹佰贰拾万元整，规定用于新车间的基本建设。

二、借款期约定为三年零个月，即从2024年1月1日至2026年12月31日。乙方保证按设计计划和信贷计划，在下达的贷款指标额度内贷出资金。甲方保证按规定的借款用途用款。

三、贷款利息自支用贷款之日起，以实际贷款数按年息5%计算，到期偿还本息。

四、甲方保证按还款计划归还贷款本金。甲方如不能按期偿还，乙方有权从甲方的存款户中扣收。

五、保证条款：甲方请天祥物业股份有限公司作为自己借款保证方。经乙方审查，证实保证方具有担保资格和足够代偿借款的能力。保证方有权检查和督促甲方履行合同。当甲方不履行合同时，由保证方连带承担偿还借款本息的责任。必要时，乙方可以从保证方的存款账户内扣收贷款本息。

六、违约责任：（略）

合同的附件：借款申请书，担保协议书。

双方商定的其他条件：（略）。

本合同自签订之日起生效，贷款本息全部偿还后失效。

本合同正本三份，甲方、乙方、保证方各执一份，副本　/　份送乙方财会部门和有关部门。

借款单位（公章）	贷款银行（公章）	借款保证单位（公章）
法定代表人（签字）谢崇	法定代表人（签字）张云高	法定代表人（签字）汤和平
2024年1月1日	2024年1月1日	2024年1月1日

钱江发动机厂　　中国建设银行天顶支行 贷款合同专用章　　天祥物业股份有限公司

借款方开户银行：中国工商银行滨江市宾西支行

账号：27104001242

业务 2 $\frac{3}{3}$

中国建设银行借款借据（收账通知） ⑤

借款企业名称：钱江发动机厂　　2024年1月1日

贷款种类	基建贷款	贷款账号	133	存款账号	工行滨江市宾西支行 27104001242
借款金额	人民币（大写）壹佰贰拾万元整				¥1 200 000 00（亿千百十万千百十元角分）

借款用途：新建车间贷款

约定还款期：期限3年　于2026年12月31日到期

上列借款已批准发放，转入你单位存款账户。

此致

（银行签章）中国建设银行 宾西支行 2024.01.01 转讫

单位分录：

（借）

（贷）

主管 略　会计 略　复核 略　记账 略

2024年1月1日

此联转账后退还借款单位

（3）1月31日，计提本月短期借款利息。

业务 3

应付利息计算表

年　月　日

贷款银行	借款种类	累计积数	月利率	利息额

审核：　　制单：

注：累计积数即借款余额之和。

（4）1月31日，支付短期生产周转借款利息。

业务 4

ICBC 中国工商银行计收利息清单（支款通知） ③

2024年1月31日

户名	钱江发动机厂			账号	27104001242
计息起止时间	2023年11月1日至2024年1月31日			左列贷款利息业已从你单位账户扣付	
贷款种类	贷款账号	计息日贷款余额	计息积数	月利率	计收利息金额
	131	400 000.00	400 000.00	2.4‰	2 880.00
利息金额	人民币（大写）贰仟捌佰捌拾元整			¥2 880 00（百十万千百十元角分）	

（银行签章）中国工商银行 滨江市宾西支行 2024.01.31 转讫 (1)

单位主管 略　会计 赵 青　复核 李 伟　记账 张 生

（5）1月31日，签发转账支票偿还2023年借入的生产周转借款本金。

业务5

中国工商银行 转账支票存根（鲁）

№00004189

附加信息

出票日期：2024年1月31日

收款人：	工行滨江市宾西支行
金　额：	¥400 000.00
用　途：	偿还借款

单位主管 略　　会计 略

ICBC 中国工商银行　转账支票（鲁）

№ 00004189

本支票付款期限十天

出票日期 贰零贰肆年零壹月叁拾壹日　　付款行名称：工行滨江市宾西支行

收款人：工行滨江市宾西支行　　出票人账号：27104001242

人民币（大写）	千	百	十	万	千	百	十	元	角	分
肆拾万元整		¥	4	0	0	0	0	0	0	0

用途 偿还借款

上列款项请从我账户内支付

出票人签章　（印 谢荣）

密码 198298738898

复核 略　记账 略　验印 略

（6）2月份，为建造固定资产，经中国人民银行天顶支行批准，委托中国建设银行天顶支行证券部代理发行企业融资债券。

业务6

代理发行企业债券协议书

发行债券单位：钱江发动机厂（甲方）

代理发行债券单位：中国建设银行天顶支行证券部（乙方）

为建造固定资产，经中国人民银行天顶支行批准，发行企业债券1 000万元，期限3年，年利率4.8%，委托乙方采用代销方式代理发行，为明确责任，经双方协商，达成如下协议：

一、甲方为企业债券的债务人，承担债券的全部风险和经济、法律责任，债券的设计、印刷、广告宣传费用由甲方负责，乙方协助办理。

二、乙方为甲方债券发行的代理人，负责债券的保管、发行、兑付、销毁工作，但不承担债券到期不能按时兑付本息的经济责任和法律责任。

三、债券发行完毕后5日内，乙方将全部所销债券资金划到甲方账户上。

四、债券到期7日前，甲方将全部债券本息划到乙方账户。甲方的发行担保单位是滨江第一汽车电器工业（集团）公司。债券到期甲方不能如期还本付息时，担保方必须向乙方提供全部资金，确保债券按期还本付息。债券到期由乙方一次兑付本金和利息。

五、发行债券筹集的资金，甲方只能按中国人民银行批准的项目用于生产性固定资产的购建，不得挪作他用。

六、本协议一式五份，甲、乙双方各执一份，担保方一份，报送中国人民银行两份，协议自中国人民银行批准后生效。

七、甲方应将申请发行企业债券的全套资料各一份，作为协议的附件报送乙方。

发行债券单位（甲方）印章	代理发行债券单位（乙方）印章	发行担保单位印章
法定代表人（签章）（印 谢荣）	法定代表人（签章）（张云 高印）	法定代表人（签章）（钟惠 乾印）
2024年2月5日	2024年2月5日	2024年2月5日

开户行：中国工商银行滨江市宾西支行　　开户行：中国建设银行天顶支行

账号：27104001242　　账号：6748-243

（7）3月1日，建行天顶支行转来债券款。假定不考虑发行费用。

业务7

中国建设银行特种转账传票贷方凭证

2024年3月1日　　凭证编号0134

付款人	全　称	中国建设银行天顶支行	收款人	全　称	钱江发动机厂
	账号或地址	6748-243		账号或地址	27104001242
	开户银行	本行		开户银行	工行滨江市宾西支行
金　额	人民币（大写）壹仟万元整			亿千百十万千百十元角分	¥1000000000
原凭证金额		赔偿金		科　目（贷）：	
原凭证名称		号码		对方科目（借）：	
转账原因	债券款	银行盖章		事后监督　复核 孙晓东　记账 略	

代借方凭证或支款通知　附件　张

（印章：中国建设银行天顶支行 2024.03.01 转讫）

（8）3月31日，支付工商银行短期借款利息。

业务8

ICBC 中国工商银行计收利息清单（支款通知）③

2024年3月31日

户名		钱江发动机厂			账号	27104001242
计息起止时间		2024年1月1日至2024年3月31日			左列贷款利息业已从你单位账户扣付	
贷款种类	贷款账号	计息日贷款余额	计息积数	月利率	计收利息金额	
	132	500 000.00	500 000.00	2‰	3 000.00	
						（银行签章）
利息金额		人民币（大写）叁仟元整	百十万千百十元角分	¥300000		

单位主管 略　　会计 赵青　　复核 李伟　　记账 张 　

（印章：中国工商银行滨江市宾西支行 2024.03.31 转讫（1））

（9）12月31日，计提本年度应付债券利息。

业务9

应付债券利息费用计算表

年　月　日

债券名称	面值总额	利率	月数	应计利息	应摊债券溢价	应摊债券折价	实际利息费用		备　注
							资本化金额	费用化金额	
固定资产购置债券									2024年7月1日发生资本支出600万元，固定资产建设期（全部投入建设）从3月1日起计息

审核：略　　　　制表：略

（10）12月31日，计提新车间基本建设借款利息（2024年4月1日起开始资本化）。

业务10

应付利息计算表

年　　月　　日

贷款银行	借款种类	累计积数	年利率	利息费用	
				资本化利息	费用化利息

（11）12月31日，计算本月应付工资125万元，其中：生产部门直接生产人员工资50万元；生产部门管理人员工资20万元；管理部门人员工资30万元；专设产品销售机构人员工资15万元；建造厂房人员工资10万元。根据所在地政府规定，分别按照职工工资总额的10%、12%、2%、10.5%计提医疗保险费、养老保险费、失业保险费、住房公积金；分别按照职工工资总额的2%和8%计提工会经费和职工教育经费。编制应付职工薪酬分配表。

业务11

应付职工薪酬分配表

年　　月

会计科目	工资	计提的费用项目						合计
		医疗保险费	养老保险费	失业保险费	住房公积金	工会经费	职工教育经费	
生产成本								
制造费用								
管理费用								
销售费用								
在建工程								
合　计								

（三）实训任务

1.根据资料1开设“短期借款”“长期借款”“应付债券”总账及明细账。

2.根据资料2完成有关表格的计算和有关原始凭证的填制，并编制记账凭证。

（四）实训指引

1.实训形式：本实训为单人独立完成。

2.实训时间：本项实训约需100分钟。

3.实训用纸：收款凭证3张；付款凭证3张；转账凭证7张；总分类账账页3张；三栏式明细账账页6张。

实训六　所有者权益核算实训

（一）实训目的

了解所有者权益的取得或形成以及减少的凭证手续，掌握其账务处理方法。

（二）实训资料

1. 长江机械厂为发起设立式有限责任公司（增值税一般纳税人）。2024年5月31日“实收资本”账户贷方余额为45 000 000元，“资本公积”账户贷方余额为3 000 000元，“盈余公积”账户贷方余额为3 450 000元。

2. 长江机械厂2024年5月份经申请，被批准（批准文号2024注字048号）新增注册资本5 000 000元。2024年6月份发生的部分经济业务如下：

（1）6月10日，接受东星电机厂的投资，增加注册资本。

业务1 $\frac{1}{6}$

投资协议书（摘录）

投出单位：东星电机厂

投入单位：长江机械厂

……

第三，东星电机厂向长江机械厂投资6 650 000元，其中，固定资产5 650 000元（含增值税，税率13%），货币资金1 000 000元。

第四，东星电机厂投资后占长江机械厂新注册资本10%的份额。

第五，东星电机厂在2024年6月30日前向长江机械厂出资。

……

业务1 $\frac{2}{6}$

ICBC 中国工商银行进账单（收账通知）　3

2024年6月10日　　　　第0456号

收款人	全称	长江机械厂	付款人	全称	东星电机厂
	账号	32400872201		账号	44320030413
	开户银行	工行司门路办事处		开户银行	工行黄兴路办事处

金额	人民币（大写）	壹佰万元整	千	百	十	万	千	百	十	元	角	分
			¥	1	0	0	0	0	0	0	0	0

票据种类	转支	票据张数	1
票据号码	略		
复核 略　　记账 略			收款人开户行盖章

中国工商银行 司门路办事处 2024.06.10 转讫

此联是收款人开户银行交给收款人的收账通知

业务 1$\frac{3}{6}$

电子发票（普通发票）

发票号码：24312000000156274562

开票日期：2024年06月10日

购买方信息	名称：长江机械厂 统一社会信用代码/纳税人识别号： 91007811200031547A	销售方信息	名称：东星电机厂 统一社会信用代码/纳税人识别号： 91460024786500111A

项目名称	规格型号	单位	数量	单价	金额	税率/征收率	税额
*贷款服务*股权投资*					943 396.23	6%	56 603.77
合　计					¥943 396.23		56 603.77
价税合计（大写）	⊗壹佰万元整				（小写）¥1 000 000.00		
备注							

开票人：王芳

业务 1$\frac{4}{6}$

固定资产转移单

投出单位：东星电机厂

投入单位：长江机械厂　　2024年6月10日　　金额单位：万元

转移原因或依据			股权投资					
固定资产名称	计量单位	数量	预计使用年限	尚可使用年限	原始价值	已提折旧	账面净值	双方确认价值
发电机组（300千瓦）	台	1	10	8	350	70	280	339（含税）
剪材机（KQ11—20*25）	台	1	7	4.5	300	100	200	226（含税）
投出单位	（公章）			投入单位			（公章）	
财务：丁立 经办：李平				财务：江雨 经办：赵宏				

业务 1$\frac{5}{6}$

固定资产验收单

金额单位：万元

2024年6月10日　　编号：001

固定资产名称	规格及型号	单位	数量	预计使用年限	尚可使用年限	投出单位账面价值			双方确认价值	备注
						原值	已提折旧	账面净值		
发电机组	300千瓦	台	1	10	8	350	70	280	339（含税）	不需安装
剪材机	KQ11—20*25	台	1	7	4.5	300	100	200	226（含税）	不需安装
投资人	东星电机厂									

设备科：略　　负责人：刘长君　　经办人：赵　宏

第三联　财会记账

业务1 6/6

电子发票（增值税专用发票）

发票号码：24312000000538978078

开票日期：2024年06月10日

购买方信息	销售方信息
名称：长江机械厂	名称：东星电机厂
统一社会信用代码/纳税人识别号：91007811200031547A	统一社会信用代码/纳税人识别号：91460024786500111A

项目名称	规格型号	单位	数量	单价	金额	税率/征收率	税额
*设备*发电机组	300千瓦	台	1	3 000 000.00	3 000 000.00	13%	390 000.00
*设备*剪材机	KQ11—20*25	台	1	2 000 000.00	2 000 000.00	13%	260 000.00
合　计					¥5 000 000.00		¥650 000.00
价税合计（大写）	⊗伍佰陆拾伍万元整				（小写）¥5 650 000.00		
备注							

开票人：王芳

（2）6月20日，接受上海汽车制造厂捐赠。

业务2 1/2

电子发票（增值税专用发票）

发票号码：24312000000538978088

开票日期：2024年06月20日

购买方信息	销售方信息
名称：长江机械厂	名称：上海汽车制造厂
统一社会信用代码/纳税人识别号：91007811200031547A	统一社会信用代码/纳税人识别号：91370326542842115A

项目名称	规格型号	单位	数量	单价	金额	税率/征收率	税额
*机动车*东风货车	45座	辆	2	50 000.00	100 000.00	13%	13 000.00
合　计					¥100 000.00		¥13 000.00
价税合计（大写）	⊗壹拾壹万叁仟元整				（小写）¥113 000.00		
备注							

开票人：马立

业务2 2/2

捐赠资产交接单

金额单位：元

2024年6月20日　　编号：001

资产名称	规格	单位	数量	预计使用年限	已使用年限	确认原值	增值税	已提折旧	净值	备注
东风货车	45座	辆	2	10		100 000.00	13 000.00		100 000.00	附发票

捐赠人	（公章）上海汽车制造厂　经手人：何彬	被捐赠人	（公章）长江机械厂　经办人：赵功臣

（3）6月25日，经批准以资本公积、盈余公积转增实收资本。

业务3

长江机械厂文件

厂办字第8号

关于用资本公积和盈余公积转增实收资本的决议

……

经研究决定，用资本公积200万元和盈余公积300万元转增实收资本。

……

厂长：丁一民

长江机械厂

2024年6月25日

（三）实训任务

1. 根据资料1开设"实收资本"、"资本公积"和"盈余公积"总账，登记2024年6月初余额。
2. 根据资料2编制记账凭证。
3. 根据记账凭证登记"实收资本"、"资本公积"和"盈余公积"总账，并结账。

（四）实训指引

1. 实训形式：本实训为单人独立实训。
2. 实训时间：本实训约需20分钟。
3. 实训用纸：收款凭证1张；转账凭证3张；总分类账账页3张。

思政视频

《黑名单》短剧

实训七　营业收入确认核算实训

（一）实训目的

熟悉销货方在各种结算方式下销售业务的处理方法，根据收入确认原则正确确认营业收入的实现。

（二）实训资料

雅克空调厂生产SOD型风扇、ZCY型家用空调、QEW型商用中央空调3种产品。该企业为增值税一般纳税人，增值税税率为13%。2024年12月份有关销售业务资料如下：

1.12月5日，根据合同向天津百货公司销售空调和风扇，商品已发出。

业务1 $\frac{1}{2}$

电子发票（增值税专用发票）

发票号码：24312000005301020062

开票日期：2024年12月05日

购买方信息	名称：天津百货公司 统一社会信用代码/纳税人识别号： 91530103100202245A			销售方信息	名称：雅克空调厂 统一社会信用代码/纳税人识别号： 91370204033515888A		
项目名称	规格型号	单位	数量	单价	金额	税率/征收率	税额
*制冷空调设备*空调	ZCY	台	20	3 500.00	70 000.00	13%	9 100.00
*家用通风电器具*风扇	SOD	台	20	900.00	18 000.00	13%	2 340.00
合　计					¥88 000.00		¥11 440.00
价税合计（大写）	⊗玖万玖仟肆佰肆拾元整				（小写）¥99 440.00		
备注							

开票人：齐力

业务1 $\frac{2}{2}$

ICBC 中国工商银行商业承兑汇票　2

签发日期（大写）贰零贰肆年壹拾贰月零伍日　　№00784126

收款人	全　称	雅克空调厂		付款人	全　称	天津市百货公司	
	账　号	23004311133			账　号	23814630	
	开户银行	工行市北区办事处	行号 24044		开户银行	工行天津支行	行号 23085
汇票金额	人民币（大写）玖万玖仟肆佰肆拾元整					千百十万千百十元角分	¥ 9 9 4 4 0 0 0
汇票到期日	贰零贰伍年零壹月零伍日			交易合同号码		07588	
说明：此联于到期日或贴现日交存银行				承兑　负责 王林　经办 李乙			

2.12月8日，与滨江市海天酒店签订销售合同，并预收部分货款。

业务 2 1/3

销 售 合 同

雅克空调厂（以下称为甲方）与滨江市海天酒店（以下称为乙方）达成购销协议如下：

一、甲方向乙方出售QEW型商用中央空调一套，不含税售价为人民币壹拾贰万捌仟元整。

二、甲方负责于2024年12月18日送货到乙方单位，并于2024年12月20日起至2024年12月30日止负责安装检验。

三、安装并投入使用后乙方试用一个月，如存在质量问题，乙方有权要求退货并由甲方负责赔偿损失。

四、双方约定价税款以支票方式结算，乙方于2024年12月8日向甲方支付全部款项的50%，安装检验完毕验收合格时支付余下的50%。

五、本合同经青岛市公证处公证，双方各执一份。

甲方：法人代表及单位签章 （滨江空调厂 业务专用章）东方

乙方：法人代表及单位签章 （滨江市海天酒店 业务专用章）明李印一

公证人：陈芳 （滨江市公证处）

业务 2 2/3

ICBC 中国工商银行 转账支票（滨） № 01737401

本支票付款期限十天

出票日期（大写）：贰零贰肆年壹拾贰月零捌日　　付款行名称：工行滨江市海滨支行

收款人：雅克空调厂　　出票人账号：200238451246

人民币（大写）	千	百	十	万	千	百	十	元	角	分
柒万贰仟叁佰贰拾元整			¥	7	2	3	2	0	0	0

用途 货款

上列款项请从我账户内支付

出票人签章 （滨江市海天酒店 财务专用章）明李印一

密码 198298738898

复核 略　记账 略　验印 略

业务 2 3/3

ICBC 中国工商银行进账单（收账通知） 3

2024年12月8日　　第257号

收款人	全称	雅克空调厂	付款人 全称	滨江市海天酒店
	账号	23004311133	账号	200238451246
	开户银行	工行市北区办事处	开户银行	工行滨江市海滨支行

金额	人民币（大写）	千	百	十	万	千	百	十	元	角	分
	柒万贰仟叁佰贰拾元整			¥	7	2	3	2	0	0	0

票据种类	转支	票据张数	1
票据号码	01737401		

复核 略　记账 略

（中国工商银行滨江市市北区办事处 2024.12.08 转讫）收款人开户行盖章

此联是收款人开户银行交给收款人的收账通知

3.12月15日，向龙海华联商厦赊销产品，合同约定价税合计45 200元。商业信用条件见业务 $3\frac{2}{2}$，商品已发出；估计10天内付款的可能性为90%，超过10天付款的可能性为10%。

业务 $3\frac{1}{2}$

电子发票（增值税专用发票）

发票号码：24312000000531020063

开票日期：2024年12月15日

全国统一发票监制章　国家税务总局　滨江市税务局

购买方信息	名称：龙海华联商厦 统一社会信用代码/纳税人识别号： 91120101520212201A			销售方信息	名称：雅克空调厂 统一社会信用代码/纳税人识别号： 91370204033515888A		
项目名称	规格型号	单位	数量	单价	金额	税率/征收率	税额
*家用通风电器具*风扇	SOD	台	50	784.00	39 200.00	13%	5 096.00
合　计					¥39 200.00		¥5 096.00
价税合计（大写）	⊗肆万肆仟贰佰玖拾陆元整				（小写）¥44 296.00		
备注							

开票人：齐力

业务 $3\frac{2}{2}$

雅克空调厂商业信用凭证

2024年12月15日

信用种类	赊　销	付款单位	全　称	龙海华联商厦
信用条件	2/10，N/30		账　号	23814636235
信用金额	¥45 200.00		开户行	工行龙海支行
金额(大写)：人民币肆万伍仟贰佰元整				

财务负责人：李　秀　　　　购货单位经办人：孙　悦

4.12月18日，向大连市百货公司销售空调，商品已发出，代垫运费及装卸费1 481元，办妥托收手续。

业务 $4\frac{1}{5}$

电子发票（增值税专用发票）

发票号码：24312000000531020064

开票日期：2024年12月18日

全国统一发票监制章　国家税务总局　滨江市税务局

购买方信息	名称：大连市百货公司 统一社会信用代码/纳税人识别号： 91370102489763214A			销售方信息	名称：雅克空调厂 统一社会信用代码/纳税人识别号： 91370204033515888A		
项目名称	规格型号	单位	数量	单价	金额	税率/征收率	税额
*制冷空调设备*空调	ZCY	台	30	3 500.00	105 000.00	13%	13 650.00
合　计					¥105 000.00		¥13 650.00
价税合计（大写）	⊗壹拾壹万捌仟陆佰伍拾元整				（小写）¥118 650.00		
备注							

开票人：齐力

业务4 $\frac{2}{5}$

ICBC 中国工商银行托收承付结算凭证（回单） 1

第27号

委托日期：2024年12月18日 托收号码：7961

收款人	全称	雅克空调厂	付款人	全称	大连市百货公司	
	账号	23004311133		账号或地址	2340894512	
	开户银行	工行市北区办事处 行号 24044		开户银行	工行大连经一支行 行号 20001	
托收金额	人民币（大写）	壹拾贰万零壹佰叁拾壹元整			千百十万千百十元角分 ¥ 1 2 0 1 3 1 0 0	
附件		商品发运情况		合同名称号码		
附寄单证张数或册数	3	水运		07571		
备注：电划		款项收妥日期 年 月 日		收款人开户银行盖章 年 月 日		

此联是收款人开户银行给收款人的回单

（印章：中国工商银行滨江市市北区办事处 2024.12.18 业务章）

单位主管：略 会计：略 复核：略 记账：略

业务4 $\frac{3}{5}$

电子发票（增值税专用发票）

货物运输服务

发票号码：24141000000015452755

开票日期：2024年12月18日

（印章：全国统一发票监制章 国家税务总局 滨江市税务局）

购买方信息	名称：大连市百货公司 统一社会信用代码/纳税人识别号：91370102489763214A	销售方信息	名称：滨江港务局 统一社会信用代码/纳税人识别号：91835273940193002A

项目名称	单位	数量	单价	金额	税率/征收率	税额
*运输服务*水路货物运输服务	项	1	900.00	900.00	9%	81.00
合计				¥900.00		¥81.00

运输工具种类	运输工具牌号	起运地	到达地	运输货物名称
轮船		滨江市	大连市	空调

价税合计（大写）⊗玖佰捌拾壹元整 （小写）¥981.00

备注：

开票人：李丽

业务4 $\frac{4}{5}$

电子发票（普通发票）

发票号码：24312000000015452798

开票日期：2024年12月18日

（印章：全国统一发票监制章 国家税务总局 滨江市税务局）

购买方信息	名称：大连市百货公司 统一社会信用代码/纳税人识别号：91370102489763214A	销售方信息	名称：滨江港务局 统一社会信用代码/纳税人识别号：91835273940193002A

项目名称	规格型号	单位	数量	单价	金额	税率/征收率	税额
*物流辅助服务*装卸费		项	1	471.70	471.70	6%	28.30
合计					¥471.70		¥28.30

价税合计（大写）⊗伍佰元整 （小写）¥500.00

备注：

开票人：李丽

业务 $4\frac{5}{5}$

中国工商银行（滨）
转账支票存根
№00253077

附加信息
发送大连

出票日期：2024年12月18日

收款人：	滨江港务局
金　额：	¥1 481.00
用　途：	代垫运费、装卸费

单位主管　刘加叶　会计　杨　白

5.12月24日，收到货款（已扣现金折扣）。

业务 5

ICBC 中国工商银行电划贷方补充报单（收款通知）　4

发报行 行号	24044	编制日期	2024年12月24日	收报人 行号	4653
发报行 行名	工行滨江市市北区办事处			收报人 行名	工行滨江市市北区办事处

收款单位　账号或地址　23004311133
　　　　　名　　称　雅克空调厂
金　　额　人民币肆万肆仟贰佰玖拾陆元整

亿	千	百	十	万	千	百	十	元	角	分
			¥	4	4	2	9	6	0	0

付款单位名称　龙海华联商厦
事　　由　扣除折扣904.00元
应解汇款编号　53481

上列款项已代转账，如有错误，请持此联来行面洽。
此致
（开户银行盖章）
年　月　日
（中国工商银行滨江市市北区办事处 2024.12.24 转讫）

上列款项已照收无误
证件名称：身份证
证件号码：370204198004133873
（收款单位盖章）2024年12月24日
（雅克空调厂 财务专用章）

科　　目（贷）____
对方科目（借）____
记账 略　复核 略　出纳 略
转账日期　年　月　日

6.12月25日，售废旧物资，货款尚未收到。

业务 6

电子发票（增值税专用发票）

发票号码：24312000000531020065
开票日期：2024年12月25日

购买方信息	名称：山东铝制品加工厂 统一社会信用代码/纳税人识别号： 91265842012345678A	销售方信息	名称：雅克空调厂 统一社会信用代码/纳税人识别号： 91370204033515888A

项目名称	规格型号	单位	数量	单价	金额	税率/征收率	税额
*金属制品*旧铝合金窗		套	110	20.00	2 200.00	13%	286.00
合　计					¥2 200.00		¥286.00
价税合计（大写）	⊗贰仟肆佰捌拾陆元整				（小写）¥2 486.00		
备注							

开票人：齐力

7.12月30日，收到剩余货款，并开出销货发票。

业务7 1/2

电子发票（增值税专用发票）　发票号码：24312000000531020066

开票日期：2024年12月30日

购买方信息　名称：滨江市海天酒店 统一社会信用代码/纳税人识别号： 91370135446145621A	销售方信息　名称：雅克空调厂 统一社会信用代码/纳税人识别号： 91370204033515888A

项目名称	规格型号	单位	数量	单价	金额	税率/征收率	税额
*制冷空调设备*空调	QEW	套	1	128 000.00	128 000.00	13%	16 640.00
合　计					¥128 000.00		¥16 640.00
价税合计（大写）	⊗壹拾肆万肆仟陆佰肆拾元整				（小写）¥144 640.00		
备注							

开票人：齐力

业务7 2/2

ICBC 中国工商银行进账单（收账通知）　3

2024年12月30日　　第258号

收款人		付款人	
全　称	雅克空调厂	全　称	滨江市海天酒店
账　号	23004311133	账　号	200238451246
开户银行	工行市北区办事处	开户银行	工行滨江市海滨支行

金　额	人民币（大写）柒万贰仟叁佰贰拾元整	百	十	万	千	百	十	元	角	分
			¥	7	2	3	2	0	0	0

票据种类	转支	票据张数	1
票据号码	略		

复核 略　　记账 略　　收款人开户行盖章

中国工商银行滨江市市北区办事处 2024.12.30 转讫

此联是收款人开户银行交给收款人的收账通知

8.12月31日，结转本月发出产品成本。

业务8

雅克空调厂　产品出库单

2024年12月31日　　第078号

产品名称	计量单位	数量	单位成本（元）	金　额（元）
ZCY空调	台	50	3 000.00	150 000.00
SOD风扇	台	70	600.00	42 000.00
QEW空调	套	1	100 000.00	100 000.00

制票人：李　义　　经办人：赵　亮

（三）实训任务

1.判断各项销售业务是否确认营业收入。

2.根据各项经济业务分别编制记账凭证。

（四）实训指引

1.实训形式：单人独立实训。

2.实训时间：本项实训约需45分钟。

3.实训用纸：收款凭证3张；付款凭证1张；转账凭证7张。

实训八　所得税会计实训

（一）实训目的

掌握所得税的计算依据、应纳税所得额的调整内容与计算方法，区分永久性差异与暂时性差异，了解资产负债表债务法的会计处理。

（二）实训资料

1. 滨江市第二汽车制造厂主要生产环保型专用汽车。所得税采用资产负债表债务法进行核算，所得税税率为25%。该企业按各季度的实际利润预缴所得税，年终汇算清缴。2024年已按利润预缴企业所得税660 000元。年初“递延所得税资产”科目为借方余额13 500元。

2. 该企业2024年税前会计利润总额为3 000 000元。该企业年终决算时，发现有下列纳税调整事项：

（1）5月10日，对外捐赠汽车两辆。

业务1 $\frac{1}{4}$

滨江市第二汽车制造厂文件

（2024）第30号

☆

关于赠送给滨江市环卫局垃圾车的决定

滨江市环卫局：

近几年来，我厂研制开发的环卫用带盖垃圾车已批量生产，在研制过程中，滨江市环卫局给予了大力的协助和配合，为滨江市环卫事业和建立全国卫生城市做出了突出的贡献。经研究决定，赠送滨江市环卫局长城牌封闭式自卸垃圾车两辆，含税价格合计67 800元（增值税税率为13%）。

2024年5月10日

（印章：滨江市第二汽车制造厂）

业务1 $\frac{2}{4}$

电子发票（增值税专用发票）　　发票号码：24312000000103212113

开票日期：2024年05月10日

购买方信息	名称：滨江市环卫局 统一社会信用代码/纳税人识别号： 91062289063528812M	销售方信息	名称：滨江市第二汽车制造厂 统一社会信用代码/纳税人识别号： 91024562194101023A

项目名称	规格型号	单位	数量	单价	金额	税率/征收率	税额
*机动车*封闭式自卸垃圾车	QML	辆	2	30 000.00	60 000.00	13%	7 800.00
合计					¥60 000.00		¥7 800.00
价税合计（大写）	⊗陆万柒仟捌佰元整				（小写）¥67 800.00		
备注							

开票人：邹佳宁

业务 1 3/4

滨江市第二汽车制造厂

产品出库单

2024年5月10日　　　　　　　　　　第238号

产品名称	规格型号	单位	数量	单位成本	金　额
封闭式自卸垃圾车	QML	辆	2	25 400.00	50 800.00
合　计			2		¥50 800.00

第四联　交会计

填单：王石山　　　　经办：黄　平

业务 1 4/4

转　账　凭　证

2024年5月10日

总号	
分号	转36

摘　要	一级科目	二级及明细科目	过账	借方金额										贷方金额									
				千	百	十	万	千	百	十	元	角	分	千	百	十	万	千	百	十	元	角	分
赠送环卫局垃圾车两辆	营业外支出	非公益性捐赠	√				5	8	6	0	0	0	0										
	库存商品	垃圾车	√														5	0	8	0	0	0	0
	应交税费	应交增值税（销项税额）	√															7	8	0	0	0	0
合　计						¥	5	8	6	0	0	0	0			¥	5	8	6	0	0	0	0

附件 2 张

会计主管：洪　涵　　复核：张易军　　记账：李　伟　　制单：孙　明

（2）7月18日，收到到期国债本息。

业务 2 1/3

滨江市财政局国债服务部

买卖证券凭证

2024年7月18日

证券名称	号码	张数	票面金额	买入价（卖出价）	金额								
					百	十	万	千	百	十	元	角	分
2023年国债	8015-8059	45	87 000.00	120%		1	0	4	4	0	0	0	0
合　计					¥	1	0	4	4	0	0	0	0

（印章：滨江市财政局国债服务部　业务专用章）

第一联　客户收执

出纳：8号　　　　复核：9号　　　　经办：王　艳

业务 2 2/3

ICBC 中国工商银行进账单（收账通知）　3

2024年7月18日　　　　第321号

收款人	全　称	滨江市第二汽车制造厂	付款人	全　称	滨江市财政局国债服务部
	账　号	23089864321		账　号	23065841256
	开户银行	工行和平区办事处		开户银行	工行和平区办事处

金　额	人民币（大写）	壹拾万零肆仟肆佰元整	百	十	万	千	百	十	元	角	分
			¥	1	0	4	4	0	0	0	0

票据种类	转支	票据张数	1
票据号码	略		
复核　略　　记账　略			收款人开户行盖章

中国工商银行和平区办事处 2024.07.18 转讫

此联是收款人开户银行给收款人的收账通知

业务 2 3/3

收　款　凭　证

借方科目　银行存款　　　　2024年7月18日　　　　总号　　分号　银收51

摘　要	一级科目	二级及明细科目	过账	亿	千	百	十	万	千	百	十	元	角	分
收到2023年国债兑付本息	债权投资	本金	√					8	7	0	0	0	0	0
	债权投资	应计利息	√						8	7	0	0	0	0
	投资收益		√						8	7	0	0	0	0
合计						¥	1	0	4	4	0	0	0	0

（表头：应贷科目；金额）附件 2 张

会计主管：洪　涌　　复核：张易军　　记账：李　伟　　出纳：王　艳　　制单：王　艳

（3）9月18日，支付滞纳金和罚款。

业务 3 1/3

滨江市税务局（分局）

催缴税款（滞纳金、罚款）通知书

（2024）税字第56号

滨江市第二汽车制造厂：

根据税法有关规定，你单位应缴增值税税款9 800元，滞纳金1 960元，罚款9 800元，合计21 560元。务必于2024年12月20日前到滨江市税务局和平分局缴清。

特此通知。

2024年9月17日

（印章：滨江市税务局和平分局）

抄送：滨江市和平区人民检察院

业务 3 2/3

滨江市税务局

税款滞纳金、罚金专用缴款书

隶属关系：

经济类型：全民　　填发日期：2024年9月18日　　№000012

缴款单位(人)				
全　称	滨江市第二汽车制造厂	收入机关	滨江市税务局和平分局	
账　号	23089864321	预算级次	市　　级	
开户银行	工行和平区办事处	收款国库	工行和平区办事处	
税款所属时期　2024年9月　日		税款限缴时期　2024年12月20日		

税　种	应纳税款	逾期天数	加收比例（‰）	罚款倍数	千	百	十	万	千	百	十	元	角	分
滞纳金、罚金	9 800	100	2	1				1	1	7	6	0	0	0
金额合计	人民币（大写）	壹万壹仟柒佰陆拾元整					¥	1	1	7	6	0	0	0
缴款单位（盖章）	税务机关（盖章）	上列款项已收妥并划转收款单位账户 国库（银行）盖章　年　月　日			备注：									

缴款单位地址：略　　电话：略　　逾期不缴按税法规定加收滞纳金

无银行收讫章无效

第一联（收据）国库收款盖章后退缴款单位

（印章：滨江市第二汽车制造厂 财务专用章；滨江市税务局和平分局；中国工商银行和平区办事处 2024.09.18 收讫）

业务 3 3/3

付　款　凭　证

贷方科目 银行存款　　2024年9月18日　　总号　　分号 银付97

摘　要	一级科目	二级及明细科目	过账	亿	千	百	十	万	千	百	十	元	角	分
付欠缴增值税税款滞纳金、罚款	营业外支出	罚款支出	√					1	1	7	6	0	0	0
合　计							¥	1	1	7	6	0	0	0

附件 2 张

会计主管：洪　涌　　复核：张易军　　记账：李　伟　　出纳：王　艳　　制单：邱　红

（4）10月27日，支付排污罚款。

业务 4 1/3

滨江市通用机打发票（卷票）

发票联

发票代码 INVOICE CODE 231001370252

发票号码 INVOICE NO. 07154996

密码 PASSWORD [redacted]

机打号码 PRINT NO. 07154996

机器编号 DEVICE NO. 001080176528

收款单位 PAYEE 滨江市和平区环境监理站

税务登记号 TAX REGISTRATION NO. 91310104729407927A

开票日期 DATE ISSUED 2024/10/27

付款单位(个人)PAYER 滨江市第二汽车制造厂

项目 ITEM	单价 NET PRICE	数量 QUANTITY	金额 AMOUNT
排污罚款			1 540.00

小写合计 ¥1 540.00

大写合计 AMOUNT IN WORDS 人民币壹仟伍佰肆拾元整

税控码 ANTI-FORGERY CODE 0867 9552 2820 0208 7045

收款员 ISSUED BY 01

（印章：滨江市和平区环境监理站 发票专用章 91310104729407927A；全国统一发票监制章）

业务4 2/3

ICBC 中国工商银行 委托银行收款结算凭证（付款通知）5 委收号码：6689

委托日期：2024年10月27日

付款期限 2024年10月27日
延期期限　年　月　日

收款人	全称	滨江市和平区环境监理站	付款人	全称	滨江市第二汽车制造厂
	账号	53007008412		账号	23089864321
	开户银行	交通银行		开户银行	工行和平区办事处
委收金额	人民币（大写）壹仟伍佰肆拾元整			千百十万千百十元角分	¥154000
款项内容	排污罚款	委托收款凭据名称	普通发票	附寄单证张数	1张

备注：

付款人注意：
1. 根据结算办法，上列委托收款，如在付款期限内未拒付，即视同全部同意付款，以此联代支款通知。
2. 如需提前付款或多付款，应另写书面通知送银行办理。
3. 如系全部或部分拒付，应在付款期限内另填拒绝付款理由书送银行办理。

（印章：中国工商银行和平区办事处 2024.10.27 业务章）

此联是付款人开户银行给付款人按期付款的通知

单位主管：略　会计：略　复核：略　记账：略　付款单位开户行盖章

业务4 3/3

付款凭证

贷方科目 银行存款　　2024年10月27日　　总号　分号 银付112

摘要	一级科目	二级及明细科目	过账	亿	千	百	十	万	千	百	十	元	角	分
付市和平区环境监理站罚款	营业外支出	排污罚款							1	5	4	0	0	0
合计								¥	1	5	4	0	0	0

附件 2 张

会计主管：洪涵　复核：张易军　记账：李伟　出纳：王艳　制单：邱红

（5）12月10日，支付虚假广告罚款。

业务5 1/3

滨江市罚没（赃）款通用收据

缴款单位（人）：滨江市第二汽车制造厂　　2024年12月10日　　№005602

项目	罚没款依据	金额（十万千百十元角分）
虚假广告	《中华人民共和国反不正当竞争法》第8条规定	10000000
合计金额	人民币（大写）壹万元整	¥1000000
备注		缴款方式：现金：　支票：√　汇票：

（印章：滨江市和平区市场监督管理局 收费专用章；滨江市罚款收费专用章）

收款单位：滨江市和平区市场监督管理局　主管：略　经手人：孙英

业务 5 $\frac{2}{3}$

中国工商银行 转账支票存根 （滨）
№00530069
附加信息
出票日期：2024年12月10日
收款人：滨江市和平区市场监督管理局
金　额：¥10 000.00
用　途：罚款支出
单位主管　洪涵　会计　李伟

业务 5 $\frac{3}{3}$

付　款　凭　证

总号	
分号	银付121

贷方科目 银行存款　　2024年12月10日

摘　要	应借科目 一级科目	二级及明细科目	过账	亿	千	百	十	万	千	百	十	元	角	分
付市和平区和平区市场监督管理局罚款	营业外支出	罚款支出						1	0	0	0	0	0	0
合　计							¥	1	0	0	0	0	0	0

附件 2 张

财会主管 洪涵　复核 张易军　记账 李伟　出纳 王艳　制单 邱红

（6）12月31日，确定2024年折旧、业务招待费等项目的纳税调整金额。

业务 6

纳税调整表

单位：元

调整项目	会计实际列支金额	税法允许列支金额	纳税应调整金额
利息收入	8 700	0	
捐赠支出	60 400	0	
罚款支出	23 300	0	
业务招待费	165 000	99 000	
折旧费	147 000	120 000	
合计			

（7）年终清缴所得税，填制税收缴款书。

业务7

中华人民共和国

税　收　缴　款　书

（2024）

隶属关系：　　　　　　　　　　　　　　　　　　　　　　　　　№00000012

经济类型：全民　　　　　填发日期：　　年　　月　　日　收入机关：滨江市税务局和平分局

缴款单位（人）	代　　码		预算科目	款	
	全　　称			项	
	开户银行			级次	
	账　　号		收款国库		
税款所属时期　2024年12月			税款限缴日期 2024年12月31日		

品目名称	课税数量	计税金额或销售收入	税率或单位税额	已缴或扣除额	实缴税额 千	百	十	万	千	百	十	元	角	分
金额合计	人民币（大写）													

缴款单位（人）（盖章）经办人（章）	税务机关（盖章）填票人（章）	上列款项已收妥并划转收款单位账户 国库（银行）盖章　　　年　　月　　日	备注	

第一联（收据）国库（经收处）收款盖章后退缴款单位（人）作完税凭证

逾期不缴按税法规定加收滞纳金

（8）编制暂时性差异纳税影响金额计算表。

业务8

暂时性差异纳税影响金额计算表

金额单位：元

项　目	账面价值	计税基础	暂时性差异	税率（%）	纳税影响
固定资产	1 194 800	1 275 800			

（三）实训任务

1.计算调整全年计税所得额，并列出计算步骤。

2.计算全年应交所得税及暂时性差异影响所得税金额。

3.编制2024年确认应交所得税、递延所得税的有关记账凭证。

（四）实训指引

1.实训形式：单人独立实训。

2.实训时间：本项实训约需60分钟。

3.实训用纸：收款凭证1张；付款凭证3张；转账凭证2张。

实训九　利润及利润分配核算实训

（一）实训目的

掌握利润总额和利润分配的核算方法，熟悉税后利润分配的顺序，明确“本年利润”账户和“利润分配”账户之间的关系。

（二）实训资料

1.滨江市信谊卷烟厂2024年1—6月份发生的销售业务如下：

滨江市信谊卷烟厂2024年1—6月份销售汇总表

金额单位：元

产品销售	类别	计量单位	销售量	单价	销售收入	销项税额	单位成本	销售成本
翻盖宏光	甲	标准箱	6	36 550	219 300	28 509	11 000	66 000
精装宏光	甲	标准箱	3	18 300	54 900	7 137	5 500	16 500
全包装宏光	甲	标准箱	10	20 700	207 000	26 910	6 200	62 000
全包装外双菊	甲	标准箱	5	28 840	144 200	18 746	8 700	43 500
全包装内双菊	甲	标准箱	5	23 400	117 000	15 210	7 100	35 500
精装内双菊	甲	标准箱	1	25 400	25 400	3 302	7 600	7 600
翻盖樱花	甲	标准箱	6	32 900	197 400	25 662	9 900	59 400
精装牡丹	乙	标准箱	12	6 850	82 200	10 686	3 800	45 600
全包装黄月季	甲	标准箱	3	31 000	93 000	12 090	9 300	27 900
精装芍药	乙	标准箱	5	10 800	54 000	7 020	3 200	16 000
精装迎春	甲	标准箱	0					
全包装牡丹	甲	标准箱	0					
合　计		标准箱	56		1 194 400	155 272		380 000
其他销售		计量单位	销量	单价	销售收入	销项税额	单位成本	销售成本
烟丝		担	50	380	19 000	2 470	360	18 000
备　注								

2.1—6月份发生的允许抵扣的增值税进项税额累计62 000.91元。

3.1—6月份发生的其他有关收支情况如下：

（1）1月4日，付广告费。

业务1 1/2

中国工商银行
转账支票存根 （滨）
№00650242

附加信息	
出票日期：2024年1月4日	
收款人：	滨江市广告实业公司
金　额：	¥2 141.20
用　途：	付广告费
单位主管 刘文叶	会计 杨白

业务1 2/2

电子发票（增值税专用发票） 发票号码：24312000001027568024
开票日期：2024年01月04日

购买方信息	销售方信息
名称：滨江市信谊卷烟厂	名称：滨江市广告实业公司
统一社会信用代码/纳税人识别号：91310107607320828A	统一社会信用代码/纳税人识别号：91370832465115204A

项目名称	规格型号	单位	数量	单价	金额	税率/征收率	税额
*广告服务*广告服务		项	1	2 020.00	2 020.00	6%	121.20
合　计					¥2 020.00		¥121.20
价税合计（大写）	⊗贰仟壹佰肆拾壹元贰角整				（小写）¥2 141.20		
备注							

开票人：刘员

（2）3月6日，支付贷款利息（假设当月列支）。

业务2

ICBC 中国工商银行贷款利息通知单 （第三联 代支款通知） №0270150

贷款账户户名：滨江市信谊卷烟厂		账号：23004311134
利息计算时间：2024年1月6日起 3月6日止		左列贷款利息已从你单位账号　　　账户付出。 中国工商银行和平区办事处 2024.03.06 业务章 开户银行盖章
计息积数共计：¥×××××××	利率：月8.895‰	
利息金额（大写）：人民币肆仟肆佰肆拾柒元伍角整		
附记：	¥4 447.50	

会计 略　　事后监督 略　　复核 略　　制单 略

（3）3月6日，收到结算的存款利息。

业务3

ICBC 中国工商银行存款利息通知单 （第三联 代收账通知） №0259923

存款账户户名：滨江市信谊卷烟厂		账号：23004311134	
利息计算时间：2024年 1月6日 起 3月6日 止			左列存款利息已收入你单位账户。 中国工商银行和平区办事处 2024.03.06 业务章 开户银行盖章
计息积数共计：¥× × × × × × × ×	利率：月 2.625‰		
利息金额（大写）：人民币玖佰陆拾贰元伍角整			
附记：	¥962.50		

会计 略　　事后监督 略　　复核 略　　制单 略

（4）4月9日，支付银行工本费、邮电费和手续费。

业务4

ICBC 中国工商银行结算业务收费凭证（回单） 1

（领用单位） 账号 23004311134
户名 滨江市信谊卷烟厂

2024年4月9日　　第4号

领用凭证名称	起止号码	单位	数量	工本费							邮电费							手续费						
				单价	千	百	十	元	角	分	单价	千	百	十	元	角	分	单价	千	百	十	元	角	分
银行汇票委托书		本	6	0.35				2	1	0	300	1	8	0	0	0	0	12.5			7	5	0	0
电汇凭证		本	2	0.45					9	0	110		2	2	0	0	0	12.5			2	5	0	0

合计金额	人民币（大写）		万	千	百	十	元	角	分
		贰仟壹佰贰拾叁元整	¥	2	1	2	3	0	0

单位主管 略　　会计 略　　复核 略　　记账 略

中国工商银行和平区办事处 2024.04.09 业务章 （开户银行盖章）

此联为结算业务收费回单

（5）5月23日，付污水处理费。

业务5 $\frac{1}{2}$

电子发票（普通发票）

发票号码：24312000001027568999
开票日期：2024年05月23日

购买方信息	名称：滨江市信谊卷烟厂 统一社会信用代码/纳税人识别号： 91310107607320828A			销售方信息	名称：滨江市自来水公司 统一社会信用代码/纳税人识别号： 913153007008412A12		
项目名称	规格型号	单位	数量	单价	金额	税率/征收率	税额
*劳务*污水处理		项	1	4 715.09	4 715.09	6%	282.91
合　计					¥4 715.09		¥282.91
价税合计（大写）	⊗肆仟玖佰玖拾捌元整					（小写）¥4 998.00	
备注							

开票人：王露

业务5 $\frac{2}{2}$

ICBC 中国工商银行 委托银行收款结算凭证（付款通知） 5　委收号码：0884

委托日期：2024年5月23日

付款期限 2024年5月23日
延期期限　　年　月　日

收款人	全称	滨江市自来水公司	付款人	全称	滨江市信谊卷烟厂	
	账号	25412355300		账号	23004311134	
	开户银行	交通银行		开户银行	工行和平区办事处	
委收金额	人民币（大写）	肆仟玖佰玖拾捌元整			千百十万千百十元角分	¥4 9 9 8 0 0
款项内容	污水处理费	委托收款凭据名称	普通发票	附寄单证张数	1张	
备注：		付款人注意： 1.根据结算办法，上列委托收款，如在付款期限内未拒付时，即视同全部同意付款，以此联代支款通知。 2.如需提前付款或多付款，应另写书面通知送银行办理。 3.如系全部或部分拒付，应在付款期限内另填拒绝付款理由书送银行办理。				

此联是付款人开户银行给付款人按期付款的通知

（印章：中国工商银行和平区办事处 2024.05.23 业务章）

单位主管：略　　会计：略　　复核：略　　记账：略　　付款单位开户行盖章

（6）6月23日，缴纳房产税（该企业房产税适用的房产原值扣除比例为30%）。

业务6

中华人民共和国
税收缴款书　　（2024）

隶属关系：　　№0000458

经济类型：全民　　填发日期：2024年6月23日　　收入机关：滨江市税务局第二分局

缴款单位（人）	代码	91310107607320828A	预算科目	款	房产税
	全称	滨江市信谊卷烟厂		项	
	开户银行	工行和平区办事处		级次	市级
	账号	23004311134	收款国库		交通银行台东区办
税款所属时期	2024年6—12月		税款限缴日期 2024年6月23日		
品目名称	课税数量	计税金额或销售收入	税率或单位税额	已缴或扣除额	实缴税额（千百十万千百十元角分）
房产税		9 500 000	1.2%	39 900	3 9 9 0 0 0 0
金额合计	人民币（大写）：叁万玖仟玖佰元整				¥3 9 9 0 0 0 0
缴款单位（人）（盖章）经办人（章）	税务机关（盖章）填票人（章）	上列款项已收妥并划转收款单位账户　国库（银行）盖章　2024年6月23日		备注	

第一联（收据）国库（经收处）收款盖章后退缴款单位（人）作完税凭证

（印章：滨江市信谊卷烟厂 财务专用章；滨江市税务局 征税专用章；交通银行台东区办事处 2024.06.23 业务章）

逾期不缴按税法规定加收滞纳金

（7）6月24日，付资产评估费。

业务7 $\frac{1}{3}$

电子发票（增值税专用发票）　发票号码：24312000001027362022

（印章：全国统一发票监制章 国家税务总局 滨江市税务局）

开票日期：2024年06月24日

购买方信息	名称：滨江市信谊卷烟厂 统一社会信用代码/纳税人识别号：91310107607320828A	销售方信息	名称：滨江方兴会计师事务所 统一社会信用代码/纳税人识别号：91230100717881837M

项目名称	规格型号	单位	数量	单价	金额	税率/征收率	税额
*鉴证咨询服务*鉴证服务		项	1	2 547.17	2 547.17	6%	152.83
合　计					¥2 547.17		¥152.83
价税合计（大写）	⊗贰仟柒佰元整				（小写）¥2 700.00		
备注							

开票人：张明

业务 $7\frac{2}{3}$

业务委托协议书

编号：20240618

委托日期：2024年6月18日

兹有 滨江市信谊卷烟厂 委托滨江方兴会计师事务所，办理下列财会业务，应付业务费按规定的收费标准由委托单位支付：

委托业务： 对现有固定资产进行评估
要求事项： 出具资产评估报告
收费标准：1. 2. 3. 合计：人民币贰仟柒佰元整
备 注：1.本委托书一式三份，由委托单位、经办单位和受托单位各执一份。 2. 3.

受托单位 滨江方兴会计师事务所	经办单位（略）	委托单位 滨江市信谊卷烟厂
地 址 中兴路328号	地 址	地 址 黄县路10号
负 责 人 李文青	负 责 人	负 责 人 宋为民
电 话 84725381	电 话	电 话 83871616

（印章：滨江方兴会计师事务所 BINJIANG FANGXING CERTIFIED PUBLIC ACCOUNTANTS；滨江市信谊卷烟厂）

业务 $7\frac{3}{3}$

中国工商银行（滨）
转账支票存根
№00652243

附加信息

出票日期：2024年6月24日

收款人：	滨江方兴会计师事务所
金 额：	¥2 700.00
用 途：	付资产评估费

单位主管 刘文叶 会计 杨 白

（8）6月25日，以现金支付卫生罚款。

业务 8

滨江市统一收款收据

收 据 联

（印章：市财政局 票据管理监制章）

开票日期：2024年6月25日

缴款单位或个人	滨江市信谊卷烟厂				
款项内容	罚款			收款方式	现金
人民币（大写）	壹佰元整				（小写）¥ 100.00
收款单位盖章	现金收讫	收款人签章	张红之	备注	

（印章：滨江市市北区街道办事处）

（9）6月26日，收到联营单位分配的利润。

业务9 1/2

ICBC 中国工商银行进账单（收账通知） 3

2024年6月26日 第78号

收款人	全　称	滨江市信谊卷烟厂	付款人	全　称	轻工业协会劳动服务公司星星商行
	账　号	23004311134		账　号	25639841578
	开户银行	工行和平区办事处		开户银行	工行和平区办事处
金　额	人民币（大写）	伍万叁仟元整		百十万千百十元角分	¥5300000
票据种类	转支	票据张数	1		
票据号码	略				
复核 略	记账 略			收款人开户行盖章	中国工商银行和平区办事处 2024.06.26 收讫

此联是收款人开户银行给收款人的收账通知

业务9 2/2

双方横向经济联合议定书

为了更好地为首都人民服务，滨江市信谊卷烟厂（以下简称甲方）与轻工业协会劳动服务公司星星商行（以下简称乙方）共同商定，在京成立滨江市信谊卷烟厂北京经销部，具体议定如下：

一、甲方以货币资金形式出资100万元，资金到位时间定于2023年12月31日前；乙方提供鼓楼西大街908号门市房20平方米作为营业场所，固定资产评估价值为100万元。

二、北京经销部的经营管理主要由乙方负责，甲方派一名副经理参与管理。

三、乙方在经济体制上自负盈亏，独立核算，甲方按双方购销合同向乙方提供商品。

四、乙方需向甲方按税后净利润的40%分红，如发生亏损，由双方按出资比例承担。

五、双方在本议定书有效期内不得终止联合协议，如一方违约，需向对方交纳20万元的违约金；当有效期届满时，如乙方愿终止合同，甲方抽回货币资金100万元。

六、双方在本议定书有效期内，如上级颁布与本议定书各条款有相抵触的政策，双方均按上级政策规定执行。

七、本协议由滨江市公证处公证，甲乙双方各执一份。

八、本协议自签订日起有效期三年。

滨江市信谊卷烟厂代表 郝永（甲方） 2023年12月01日

公正人：王芳

轻工业协会劳动服务公司星星商行代表 印路（乙方） 2023年12月01日

（10）6月30日，缴纳税费。

业务10 1/2

中华人民共和国 税收缴款书 （2024）

隶属关系： №000034

经济类型：全民　填发日期：2024年6月30日　收入机关：滨江市税务局和平分局

缴款单位（人）	代　码	91310107607320828A	预算科目	款	增值税
	全　称	滨江市信谊卷烟厂		项	一般增值税
	开户银行	工行和平区办事处		级次	
	账　号	23004311134	收款国库		工行和平区办事处
税款所属时期	2024年6月1日—30日		税款限缴日期	2024年7月5日	
品目名称	课税数量	计税金额或销售收入	税率或单位税额	已缴或扣除额	实缴税额（千百十万千百十元角分）
增值税			13%		
金额合计	人民币（大写）				
缴款单位（人）（盖章）经办人（章）	税务机关（盖章）填票人（章）	上列款项已收妥并划转收款单位账户 国库（银行）盖章 2024年6月30日		备注	中国工商银行和平区办事处 2024.06.30 业务章

第一联（收据）国库（经收处）收款盖章后退缴款单位（人）作完税凭证

逾期不缴按税法规定加收滞纳金

业务10 $\frac{2}{2}$

中华人民共和国 税收缴款书

（2024）

№000035

隶属关系：

经济类型：全民　　填发日期：2024年6月30日　收入机关：滨江市税务局和平分局

<table>
<tr><td rowspan="4">缴款单位（人）</td><td>代码</td><td colspan="2">91310107607320828A</td><td rowspan="3">预算科目</td><td>款</td><td colspan="11">消费税</td></tr>
<tr><td>全称</td><td colspan="2">滨江市信谊卷烟厂</td><td>项</td><td colspan="11">一般消费税</td></tr>
<tr><td>开户银行</td><td colspan="2">工行和平区办事处</td><td>级次</td><td colspan="11"></td></tr>
<tr><td>账号</td><td colspan="2">23004311134</td><td colspan="2">收款国库</td><td colspan="11">工行和平区办事处</td></tr>
<tr><td colspan="2">税款所属时期</td><td colspan="2">2024年6月1日—30日</td><td colspan="2">税款限缴日期</td><td colspan="11">2024年7月5日</td></tr>
<tr><td colspan="2" rowspan="2">品目名称</td><td rowspan="2">课税数量</td><td rowspan="2">计税金额或销售收入</td><td rowspan="2">税率或单位税额</td><td rowspan="2">已缴或扣除额</td><td colspan="10">实缴税额</td></tr>
<tr><td>千</td><td>百</td><td>十</td><td>万</td><td>千</td><td>百</td><td>十</td><td>元</td><td>角</td><td>分</td></tr>
<tr><td colspan="2">甲类香烟</td><td></td><td></td><td>56%</td><td></td><td></td><td></td><td></td><td></td><td></td><td></td><td></td><td></td><td></td><td></td></tr>
<tr><td colspan="2">乙类香烟</td><td></td><td></td><td>36%</td><td></td><td></td><td></td><td></td><td></td><td></td><td></td><td></td><td></td><td></td><td></td></tr>
<tr><td colspan="2">烟丝</td><td></td><td></td><td>30%</td><td></td><td></td><td></td><td></td><td></td><td></td><td></td><td></td><td></td><td></td><td></td></tr>
<tr><td colspan="2">金额合计</td><td colspan="4">人民币（大写）</td><td></td><td></td><td></td><td></td><td></td><td></td><td></td><td></td><td></td><td></td></tr>
<tr><td colspan="2">缴款单位（人）
（盖章）
经办人（章）</td><td colspan="2">税务机关
（盖章）
填票人（章）</td><td colspan="8">上列款项已收妥并划转收款单位账户
国库（银行）盖章　2024年6月30日</td><td colspan="4">备注</td></tr>
</table>

滨江市信谊卷烟厂 财务专用章

滨江市税务局和平分局

中国工商银行和平区办事处 2024.06.30 业务章

第一联（收据）国库（经收处）收款盖章后退缴款单位（人）作完税凭证

逾期不缴按税法规定加收滞纳金

4.该企业适用的企业所得税税率为25%。其他税税率和税后分配比率如下：

（1）消费税税率：甲类卷烟56%，乙类卷烟36%，烟丝30%；卷烟定额税率为每标准箱150元。

（2）法定盈余公积和任意盈余公积的计提比例均为税后利润的10%。

（三）实训任务

1.根据实训资料1，编制结转产品销售成本、结转其他销售成本的记账凭证。

2.根据实训资料3的（1）至（10），编制有关记账凭证（上缴的房产税计入税金及附加）。

3.根据实训资料1、2和实训资料3的（10），填列增值税、消费税原始凭证及相应记账凭证。

4.按应交增值税、消费税税额的7%、3%、2%计算应交城市维护建设税、教育费附加、地方教育附加，并编制记账凭证。

5.根据实训资料1、2、3，计算1—6月份营业利润和利润总额。

6.根据实训资料计算1—6月应交所得税总额（投资收益、营业外支出为纳税时需调整项目），并编制应交所得税记账凭证。

7.根据以上资料，计算净利润、应计提盈余公积金额并编制记账凭证。

8.根据以上资料，编制结转损益类账户的记账凭证和利润分配的记账凭证，并登记“本年利润”账户。

（四）实训指引

1.实训形式：分组实训，每两人为一组，设会计主管1人，记账员1人。

2.实训时间：本项实训约需100分钟。

3.实训用纸：收款凭证2张；付款凭证10张；转账凭证5张；多栏式明细账账页1张。

实训十　财务报表编制实训

（一）实训目的

掌握主要会计报表编制的原则、依据、要求与方法，包括资产负债表、利润表。

（二）实训资料

1. 东方机械制造公司2024年1月1日有关科目余额及2023年12月31日损益结转及利润分配前有关科目发生额（单位：元）如下：

账户名称	年初余额		本期发生额	
	借/贷	余额	借方发生额	贷方发生额
库存现金	借方	1 000	（26）250 000 （29）1 000 （45）25 000	（27）250 000 （46）25 000
银行存款	借方	640 000	（4）2 113 （7）8 250 （16）400 （18）200 000 （12）452 000 （20）100 000 （21）15 000 （23）150 000 （37）255 000 （44）136 250	（1）50 000 （2）84 750 （8）50 500 （9）75 000 （15）250 （25）131 250 （26）250 000 （29）1 000 （35）50 000 （39）5 000 （42）5 000 （45）25 000 （48）51 000 （19）56 500 （52）30 000
其他货币资金	借方	62 150		（4）56 500
交易性金融资产	借方	7 500		（7）转让7 500
应收票据	借方	123 000	（43）141 250	（20）收回100 000 （44）贴现146 250
应收账款	借方	150 000	（6）169 500	（37）255 000
坏账准备	贷方	450		（38）计提450
预付账款	借方	50 000		

续表

账户名称	年初余额		本期发生额	
	借/贷	余额	借方发生额	贷方发生额
其他应收款	借方	2 500		
材料采购	借方	112 500	（2）采购 75 000 （4）采购 49 900	（3）结转计划成本 50 000 （5）结转计划成本 49 900
原材料	借方	325 000	（3）入库 47 500 （5）入库 50 000	（30）领用 350 000
包装物	借方	19 025		
低值易耗品	借方	25 000		（32）摊销 25 000
库存商品	借方	840 000	（41）完工入库 641 200	（49）结转销售成本 375 000
材料成本差异	借方	18 475	（3）入库差异 2 500	（5）入库差异 100 （33）领用差异 18 750
生产成本			（28）工资 156 750 （31）材料 350 000 （33）材料差异 17 500 （40）制造费 116 950	（41）结转入库成本 641 200
制造费用			（28）工资 5 700 （32）低耗摊销 25 000 （33）材料差异 1 250 （35）维修费 45 000 （36）折旧 40 000	（40）结转 116 950
长期股权投资	借方	125 000		
长期股权投资减值准备				（51）计提 35 000
固定资产	借方	750 000	（8）购入 50 500 （13）完工转入 700 000	（14）100 000 （22）200 000
累计折旧	贷方	200 000	（14）90 000 （22）75 000	（36）计提 50 000
固定资产清理			（14）净值 10 000 （15）清理支出 250 （22）净值 125 000 （24）净收益 25 000	（16）清理收入 400 （17）净损失 9 850 （23）清理收入 150 000
工程物资			（9）购入 75 000	
在建工程	借方	750 000	（10）工资 114 000 （11）利息 75 000	（13）结转成本 700 000
无形资产	借方	400 000		
无形资产减值准备				（50）计提 20 000
累计摊销				（34）摊销 30 000
短期借款	贷方	150 500	（25）偿还 125 000	

续表

账户名称	年初余额		本期发生额	
	借/贷	余额	借方发生额	贷方发生额
应付票据	贷方	100 000	（1）偿还 50 000	
应付账款	贷方	476 900		
其他应付款	贷方	25 000		
应付职工薪酬	贷方	55 000	（27）支付 140 000（经营人员） 支付 110 000（工程人员）	（10）工程人员 114 000 （28）经营人员 171 000
应交税费（增）	贷方	15 000	（2）进项 9 750 （4）进项 6 487 （48）交纳 50 000	（6）销项 19 500 （12）销项 52 000 （43）销项 16 250 （19）冲销项［6 500］
应交税费（所）			（52）预交 30 000	（53）25 000
应交税费（附加）	贷方	3 300	（48）交纳 1 000	（47）应交 1 000
应付股利				
长期借款	贷方	800 000		（11）计提利息 75 000 （18）借入 200 000 （30）计提利息 10 750
实收资本	贷方	2 500 000		
盈余公积	贷方	40 000		
资本公积	贷方	10 000		
利润分配	贷方	25 000		
主营业务收入			（19）退回 50 000	（6）销售 150 000 （12）销售 400 000 （43）销售 125 000
主营业务成本			（49）销售成本 375 000	
税金及附加			（47）教育费附加 1 000	
销售费用			（39）展览费 5 000 （42）广告费 5 000	
管理费用			（28）工资 8 550 （34）无形资产摊销 30 000 （35）维修费 5 000 （36）折旧费 10 000 （46）办公费 25 000	
财务费用			（25）支付利息 6 250 （30）计提利息 10 750 （44）贴现息 10 000	

续表

账户名称	年初余额		本期发生额	
	借/贷	余额	借方发生额	贷方发生额
投资收益				（7）转让收益750 （21）债券利息15 000
资产处置损益				（24）固定资产处置净收益25 000
信用减值损失			（38）坏账准备450	
资产减值损失			（50）无形资产减值准备20 000 （51）长期股权投资减值准备35 000	
营业外支出			（17）固定资产盘亏净损失9 850	
所得税费用			（53）25 000	
本年利润				

2.该企业分别按净利润的10%、5%提取法定盈余公积、任意盈余公积，公司本年度拟分配现金股利16 000元。

（三）实训任务

1.根据以上资料结转本年利润，进行利润分配。

2.结出各账户期末余额，编制2024年12月31日的资产负债表。

3.根据各损益类账户发生额，编制2024年度的利润表。

（四）实训指引

1.实训形式：单人独立完成。

2.实训时间：本项实训需用150分钟。

3.实训用纸：资产负债表、利润表各1张。

思政视频

胜通公司财务造假遭处罚

资产负债表

会企01表

编制单位：东方机械制造公司　　　　年　　月　　日　　　　单位：元

资　产	期末余额	上年年末余额	负债及所有者权益（或股东权益）	期末余额	上年年末余额
流动资产：			流动负债：		
货币资金			短期借款		
交易性金融资产			交易性金融负债		
衍生金融资产			衍生金融负债		
应收票据			应付票据		
应收账款			应付账款		
预付款项			预收款项		
其他应收款			合同负债		
存货			应付职工薪酬		
合同资产			应交税费		
一年内到期的非流动资产			其他应付款		
其他流动资产			一年内到期的非流动负债		
流动资产合计			其他流动负债		
非流动资产：			流动负债合计		
债权投资			非流动负债：		
其他债权投资			长期借款		
长期应收款			应付债券		
长期股权投资			其中：优先股		
投资性房地产			永续债		
固定资产			租赁负债		
在建工程			长期应付款		
使用权资产			预计负债		
无形资产			递延所得税负债		
开发支出			其他非流动负债		
长期待摊费用			非流动负债合计		
递延所得税资产			负债合计		
其他非流动资产			所有者权益（或股东权益）：		
非流动资产合计			实收资本（或股本）		
			其他权益工具		
			资本公积		
			其他综合收益		
			专项储备		
			盈余公积		
			未分配利润		
			所有者权益（或股东权益）合计		
资产总计			负债及所有者权益（或股东权益）总计		

利　润　表

会企02表

编制单位：东方机械制造公司　　　　　　＿＿＿＿年度　　　　　　单位：元

项　目	本期金额	上期金额
一、营业收入		
减：营业成本		
税金及附加		
销售费用		
管理费用		
研发费用		
财务费用		
加：其他收益		
投资收益（损失以“-”号填列）		
以摊余成本计量的金融资产终止确认收益（损失以“-”号填列）		
公允价值变动收益（损失以“-”号填列）		
信用减值损失（损失以“-”号填列）		
资产减值损失（损失以“-”号填列）		
资产处置收益（损失以“-”号填列）		
二、营业利润（亏损以“-”号填列）		
加：营业外收入		
减：营业外支出		
三、利润总额（亏损总额以“-”号填列）		
减：所得税费用		
四、净利润（净亏损以“-”号填列）		
（一）持续经营净利润（净亏损以“-”号填列）		
（二）终止经营净利润（净亏损以“-”号填列）		
五、其他综合收益的税后净额		
（一）不能重分类进损益的其他综合收益		
（二）将重分类进损益的其他综合收益		
六、综合收益总额		
七、每股收益		
（一）基本每股收益		
（二）稀释每股收益		

实训十一　特殊会计业务实训

（一）实训目的

了解债务重组、非货币性资产交换、资产负债表日后事项等特殊会计业务处理的程序与方法。

（二）实训资料

深业股份有限公司（增值税一般纳税人）2023年度财务报告批准报出日为2024年4月25日，所得税汇算清缴日为2024年4月15日。企业所得税税率为25%，按资产负债表债务法核算。增值税税率为13%。2023年财务报表（调整前）如下：

资产负债表（简）

会企01表

编制单位：深业股份有限公司　　2023年12月31日　　单位：千元

资　产	调整前	调整后	负债及股东权益	调整前	调整后
流动资产：			流动负债：		
货币资金	100		短期借款	25 000	
交易性金融资产	10 000		应付票据	2 000	
应收票据	1 000		应付账款	8 000	
应收账款	80 000		应交税费	24 750	
存货	29 000		其他应付款	200	
流动资产合计	120 100		流动负债合计	59 950	
非流动资产：			非流动负债：		
长期股权投资	55 000		长期借款	30 000	
固定资产	40 000		预计负债	50	
无形资产	5 000		非流动负债合计	30 050	
非流动资产合计	100 000		负债合计	90 000	
			股东权益：		
			股本	100 000	
			资本公积	10 000	
			盈余公积	12 000	
			未分配利润	8 100	
			股东权益合计	130 100	
资产总计	220 100		负债及股东权益总计	220 100	

利润表（简）

会企02表

编制单位：深业股份有限公司　　2023年度　　单位：千元

项　　目	调整前	调整后
一、营业收入	1 300	
减：营业成本	500	
税金及附加	50	
管理费用	170	
财务费用	90	
销售费用		
加：投资收益（损失以“-”号填列）		
信用减值损失（损失以“-”号填列）		
资产减值损失（损失以“-”号填列）		
资产处置收益（损失以“-”号填列）		
二、营业利润（亏损以“-”号填列）	490	
加：营业外收入		
减：营业外支出	90	
三、利润总额（亏损总额以“-”号填列）	400	
减：所得税费用	100	
四、净利润	300	

报告年度及2023年12月31日至2024年4月25日发生的部分事项如下：

1.2023年5月6日，与华海股份有限公司签订债务重组协议。

业务1

债务重组协议（摘要）

由于深业股份有限公司（简称深业公司）现金流量严重不足，无力清偿于2023年3月20日到期的应付华海股份有限公司（简称华海公司）购货款300万元。经协商，华海公司同意就此项债务进行重组，签订协议如下：

1.债务重组日为2023年7月10日。

2.深业公司以生产的QSD数控机床10台抵偿部分债务。抵偿金额按该类机床市价及增值税款确定。深业公司承运货物并负担运输费用。

3.华海公司免除深业公司抵偿后的剩余债务。

4.本协议自签订之日起3个月内有效。

债权人：华海股份有限公司（盖章）
代表人：孔彪
2023年5月6日

债务人：深业股份有限公司（盖章）
代表人：张明军
2023年5月6日

2.2023年6月16日，与丽源股份有限公司签订资产置换协议。

业务2

资产置换协议（摘要）

甲方：深业股份有限公司

乙方：丽源股份有限公司

1.由于双方经营业务的需要，甲方将拥有的位于常德市经济技术开发区的办公楼与乙方的数控机床生产专利技术交换。

2.经评估确认甲方办公楼公允价值为800万元，增值税72万元；乙方专利技术公允价值为750万元，增值税45万元。乙方同意向甲方支付补价77万元。

3.甲、乙双方各自负担此项交易转让税费。

4.双方于2023年9月30日前办理资产产权划转手续，并进行资产交接。

甲方：深业股份有限公司（盖章）
代表人：张明军
2023年6月16日

乙方：丽源股份有限公司（盖章）
代表人：刘永利
2023年6月16日

3.2023年7月10日，发出数控机床10台清偿所欠债务，并办理债务清偿手续。该批数控机床的计税价格为200万元。

业务3 1/4

深业股份有限公司
产品出库单

2023年7月10日

产品名称	计量单位	数　量	单位成本（元/台）	金额（元）
QSD数控机床	台	10	150 000	1 500 000

制票人：刘兴汉　　　　经办人：王长春

业务3 2/4

电子发票（增值税专用发票）

发票号码：23312000001027634097

开票日期：2023年07月10日

购买方信息	名称：华海股份有限公司 统一社会信用代码/纳税人识别号： 91997028199903756A	销售方信息	名称：深业股份有限公司 统一社会信用代码/纳税人识别号： 91830699274539113A

项目名称	规格型号	单位	数量	单价	金额	税率/征收率	税额
*机床*数控机床	QSD	台	10	200 000.00	2 000 000.00	13%	260 000.00
合　计					¥2 000 000.00		¥260 000.00
价税合计（大写）	⊗贰佰贰拾陆万元整				（小写）¥2 260 000.00		
备注							

开票人：刘江

业务 3 3/4

电子发票（增值税专用发票）　发票号码：23314100000048879600

货物运输服务　　开票日期：2023年07月10日

购买方信息	名称：深业股份有限公司 统一社会信用代码/纳税人识别号： 91830699274539113A	销售方信息	名称：常德市铁路分局 统一社会信用代码/纳税人识别号： 91316345832169131A

项目名称	单位	数量	单价	金额	税率/征收率	税额
*运输服务*铁路货物运输服务	项	1	14 000.00	14 000.00	9%	1 260.00
合　计				¥14 000.00		¥1 260.00

运输工具种类	运输工具牌号	起运地	到达地	运输货物名称
火车		常德市	立丰市	数控机床

价税合计（大写）	⊗壹万伍仟贰佰陆拾元整	（小写）¥15 260.00
备注		

开票人：王春来

业务 3 4/4

中国工商银行
转账支票存根（湘）
№00442560

附加信息

出票日期：2023年7月14日

收款人：	常德市铁路分局
金　额：	¥15 260.00
用　途：	付运费

单位主管　张明军　会计　王悦平

4.2023年8月5日，预收丽源股份有限公司支付的补价款77万元。

业务 4 1/2

ICBC 中国工商银行进账单（收账通知）　3

2023年8月5日　　第04号

收款人	全　称	深业股份有限公司	付款人	全　称	丽源股份有限公司
	账　号	2007400213600		账　号	340074021350
	开户银行	工行联华支行		开户银行	工行虹桥支行
金　额	人民币（大写）柒拾柒万元整			千百十万千百十元角分	¥ 7 7 0 0 0 0 0 0
票据种类	转支	票据张数	1		
票据号码	略				
单位主管 略　会计 略　复核 略　记账 略				收款人开户行盖章	

中国工商银行 联华支行 2023.08.05 转讫

此联是持票人开户行给持票人的收账通知

业务 4 2/2

收 据

2023年8月5日 第27号

今收到 丽源股份有限公司			
人民币（大写）柒拾柒万元整		（小写）¥ 770 000.00	
事 由：收取资产置换交易补价款		现 金	
		支票第 略 号	
收款单位 深业股份有限公司	财务主管 赵平	收款人	刘红

（印章：深业股份有限公司 财务专用章）

第二联 记账凭证

5.2023年9月20日，资产置换划转手续办理完毕，取得产权机构核发的专利证书和对方开具的增值税专用发票，并已认证抵扣，换出资产已向对方开出增值税专用发票。

业务 5 1/2

固定资产卡片

2021年12月25日填卡

类别	房屋	编号	C2365		预计使用年限	50年	
固定资产名称 厂部办公楼					原始价值 720万元		
规格及型号 YM3608					预计净残值率 5%		
建造单位 第一建筑公司					折旧方法 平均年限法		
建造年份 2019年					年折旧率 1.9%		
调入来源					分类折旧率 %		
验收日期 2021年12月					取得时已使用 年		
技术特征					取得时已提折旧		
拨出单位					开始使用日期		
使用单位	年	月	凭证号	使用单位	存放地点	已提折旧截止	2023年8月末	元
	2021	12	转728				年 月末	元
							年 月末	元
						卡片注销 年 月 日		

业务 5 2/2

固定资产转移单

调出单位：深业股份有限公司

投入单位：丽源股份有限公司

2023年9月20日 转移单号：003

转移原因或依据		资产置换				原始价值	7 200 000元	
固定资产名称	规格及型号	单位	数量	预计使用年限	已使用年限	已提折旧	净值	备注
厂部办公楼			1	50	21个月	239 400元	6 960 600元	
调出单位				调入单位				
公章： 财务：赵平 经办：王军				公章： 财务：张明 经办：江新				

（印章：深业股份有限公司；丽源股份有限公司）

6.2023年12月10日，因经济纠纷被秦川集团公司提起诉讼。

业务6

经济纠纷起诉状

原告人：秦川集团公司

被告人：深业股份有限公司

诉讼请求：

请求常德市人民法院根据《中华人民共和国民法典》的有关规定，追回深业股份有限公司所欠货款120万元，并追究被告人违约责任。

诉讼理由：

我公司与被告人签订4台数控机床的购货合同，总价120万元，我公司严守信用，按合同规定预付了全部货款，但被告人既无货供应，又不退款，给我公司生产经营活动造成了严重影响。为维护我公司合法权益，要求被告人退回我公司货款并赔偿损失50万元。

秦川集团公司

2023年12月10日

7.2023年12月31日，根据法律专家意见，预计赔偿损失（预计负债）。

业务7

对深业股份有限公司经济纠纷案的分析意见

深业股份有限公司：

根据贵公司请求，我们分析了贵公司与秦川集团公司经济纠纷一案。本律师事务所认为，根据《中华人民共和国民法典》的有关规定，贵公司所欠原告货款应无偿退还，由于合同中已订明违约方承担合同金额10%的违约赔偿责任，估计本案可能败诉，并赔偿原告违约金12万元。

天成律师事务所

2023年12月31日

8.2024年3月10日，收到法院经济纠纷判决书，并决定不再上诉。

业务8

常德市人民法院经济纠纷判决书（摘要）

经字2024第24号

原告人：秦川集团公司

被告人：深业股份有限公司

经我院对秦川集团公司与深业股份有限公司的经济纠纷案调查审理，根据《中华人民共和国民法典》的有关规定，对本案判决如下：

1.深业股份有限公司退还秦川集团公司货款120万元。

2.深业股份有限公司向秦川集团公司支付合同违约金12万元，并赔偿秦川集团公司损失8万元。

常德市人民法院

2024年3月10日

9.2024年3月12日，向秦川集团公司支付违约金和赔偿款。

业务9 $\frac{1}{2}$

收　　据

2024年3月12日　　第12号

今收到深业股份有限公司违约金和赔偿款					
人民币（大写）贰拾万元整			（小写）¥200 000.00		
事　由：违约赔偿			现　金		
			支票第00242056号		
收款单位	秦川集团公司	财务主管	孙明	收款人	刘平

第三联　收据

业务9 $\frac{2}{2}$

中国工商银行（湘）
转账支票存根
№00242056

附加信息

出票日期：2024年3月12日

收款人：	秦川集团公司
金　额：	¥200 000.00
用　途：	支付违约金和赔偿款

单位主管　张明军　会计　王悦平

10.2024年3月15日，董事会决议按下列方案进行利润分配：

业务10

深业股份有限公司利润分配决议

经董事会决议，2023年利润分配方案为：按净利润的10%提取法定盈余公积，按5%提取任意盈余公积，向投资人分派现金股利100万元。

深业股份有限公司　董事会专用章

2024年3月15日

（三）实训任务

1.分析各项经济业务性质。

2.填制有关经济业务所列原始凭证。

3.根据原始凭证编制记账凭证（假设违约金损失税前允许扣除）。

4.根据资产负债表日后调整事项，调整2023年度财务报表。（注意其他事项已列入该年财务报表）

（四）实训指引

1.实训形式：单人独立实训。

2.实训时间：本项实训约需60分钟。

3.实训用纸：转账凭证9张，付款凭证2张，收款凭证1张。

（五）案例分析参考

某公司在某年的债务重组方案中，以其拥有的在建楼宇华乐大厦中的部分产权（计人民币30 600万元），抵偿所欠中国建设银行某市分行人民币16 000万元的债务，由此产生利润人民币14 600万元；后又以人民币1.46亿元向建设银行某市分行购回相同产权。这一交易过程用程序表示如下：

1. 该公司拥有在建楼宇华乐大厦的部分产权，该部分产权的账面价值为人民币30 600万元；
2. 该公司欠中国建设银行某市分行债务为人民币16 000万元；
3. 该公司以账面价值人民币30 600万元的资产抵偿人民币16 000万元的债务，并将差额人民币14 600万元作为利润入账；
4. 该公司后又以人民币16 000万元的现金向中国建设银行某市分行购回上述产权，并将该产权作为本公司的固定资产入账。

问题思考：本案违反了《会计法》的哪些规定？应当承担什么法律责任？

【案例分析与参考答案】

本案主要存在的问题是以虚假的经济业务事项冒充真实的经济业务事项，即用自己的财产通过卖出买入的方式，冲抵高额债务，达到资产增值的目的。这是一种提前确认营业收入的行为。这种行为违反了《会计法》的有关规定，应当依法承担法律责任。

《会计法》规定，公司、企业进行会计核算不得虚列或者隐瞒收入，推迟或者提前确认收入。由于这种经济事务事项是虚构的，而不是客观发生的，所以，其会计核算的依据，即会计凭证、会计账簿和财务会计报告必然是虚假的，直接构成了伪造、变造会计凭证、会计账簿或者编制虚假财务会计报告的违法行为。对此，《会计法》第四十一条已明确规定，构成犯罪的，依法追究刑事责任。尚不构成犯罪的，由县级以上人民政府财政部门责令限期改正，给予警告、通报批评，没收违法所得，违法所得200 000元以上的，对单位可以并处违法所得1倍以上10倍以下的罚款，没有违法所得或者违法所得不足200 000元的，可以并处200 000元以上2 000 000元以下的罚款；对其直接负责的主管人员和其他直接责任人员可以处100 000元以上500 000元以下的罚款，情节严重的，可以处500 000元以上2 000 000元以下的罚款；属于公职人员的，还应当依法给予处分；其中的会计人员，5年内不得从事会计工作。

第四编
成本会计实训

企业成本核算基本程序图

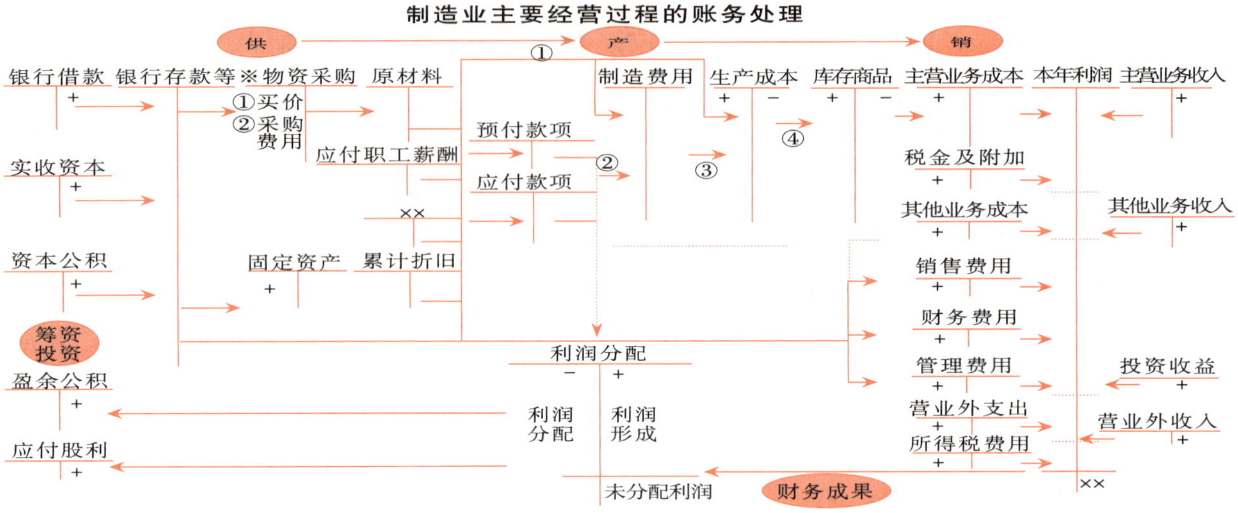

生产过程的基本账务处理程序如下：

①要素费用的归集与分配；②跨期费用的计算与结转；③制造费用的分配结转；④完工产品成本的计算与结转。

企业概况

温泉造纸厂是一个多步骤大量大批生产的股份有限公司，拥有固定资产5 000多万元，职工近500人，主要产品有：打印纸、新闻纸和包装纸。

生产过程分制浆和制纸两个步骤进行，设有制浆、制纸一、制纸二3个基本生产车间。另外，设有锅炉、供电、供水3个辅助生产车间。

生产工艺流程是：制浆车间将原材料（麦草）经备料、蒸煮、苛化、盘磨、成浆等工序制成麦草浆，全部供应给制纸一、二车间，由制纸一、二车间制成最终产品（打印纸、新闻纸和包装纸）。制浆车间产生的浆渣作为废物处理销售。

其工艺流程如下图所示：

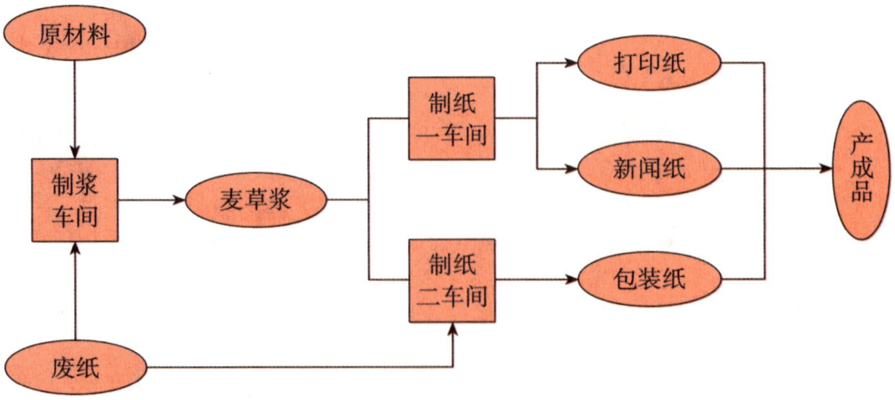

该厂实行厂部一级核算，成本计算主要采用品种法。基本生产车间分别以麦草浆、打印纸、新闻纸和包装纸作为成本计算对象，设置基本生产成本明细账，归集与分配各项生产费用。

辅助生产车间以各自提供的劳务（蒸汽、电、水）作为成本计算对象，设置辅助生产成本明细账，归集与分配各项生产费用。各辅助生产车间不单独核算制造费用。生产车间机器设备的日常修理，由各车间自行组织进行，不通过辅助生产核算。

实训一　直接材料费用分配实训

（一）实训目的

熟悉直接材料费用汇集与分配的程序，掌握直接材料费用计入产品成本的方法。

（二）实训资料

1.温泉造纸厂材料存货分为原料及主要材料、辅助材料、燃料、包装材料和其他材料五大类，按实际成本计价，发出材料实际成本采用月末一次加权平均法计算。

2.各生产车间生产一种产品的，领用的原材料作为直接材料费用，记入该产品“基本生产成本明细账”的原材料项目；生产多种产品的，领用的原材料为间接材料费用，按各产品产量（重量）比例分配计入。

3.制纸二车间期初在产品（包装原纸）成本为4 218元，其中，直接材料2 588元，燃料和动力495元，直接人工680元，制造费用455元。制纸一车间本月完工产品产量为打印纸180吨、新闻纸20吨。

4.材料日常发出核算程序：各用料单位填制一式四联的“领料单”，据以从材料仓库领用材料，月末由各用料单位专职人员根据各种领退料凭证进行汇总，财会部门材料核算员划价进行金额汇总。2024年4月份材料发出核算汇总如下：

（1）原料及主要材料。

基本生产车间生产产品领用原料及主要材料汇总如下：

制纸车间领用原料及主要材料汇总表

2024年4月　　　　金额单位：元

材料名称	单价	单位	制纸一车间(各产品)		制纸二车间(包装纸)		合　计	
			数量	金额	数量	金额	数量	金额
滑石粉	225	t	54.4	12 240.00				
硫酸铝	484	t	26.5	12 826.00				
松香	4 480	t	5.625	25 200.00				
纯碱	2	kg	827	1 654.00				
柔软剂	4 860	t			1.5	7 290.00		
废黄板纸	300	t			2.5	750.00		
合计	—	—						

主管：谢东　　　　审核：张伟　　　　制表：刘呈

制浆车间领用原料及主要材料汇总表

2024 年 4 月　　　　　　　　金额单位：元

材料名称	单位	单价	备料		蒸煮		苛化		盘磨		成浆		合计	
			数量	金额	数量	金额	数量	金额	数量	金额	数量	金额	数量	金额
麦草	t	75	758	56 850										
烧碱	t	460			226	103 960								
亚钠	t	658			13	8 554								
硫化碱	t	1 116			5.5	6 138								
液氯	t	765					45	34 425						
白灰	t	65					64	4 160						
石蜡	kg	4.6							150	690				
增白剂	t	29.5									560	16 520		
洗衣粉	kg	4.5			2	9					26	117		
废纸	t	1 400									0.56	784		
合计														

主管：谢东　　　　审核：张伟　　　　制表：刘星

（2）辅助材料。

温泉造纸厂领料单

领料部门：锅炉车间　　　　工段：　　　　科室：　　　　2024 年 4 月 15 日

编号	材料名称	规格	单位	数量	单价	金额(元)
	工业盐		kg	4 500	0.52	2 340.00
用途	生产用			人民币(大写)	贰仟叁佰肆拾元整	

主管：王鹏　　审批：刘刚　　领料：谢小飞　　发料：赵呈

基本生产车间生产产品领用辅助材料汇总如下：

基本生产车间领用辅助材料汇总表

2024 年 4 月　　　　金额单位：元

材料名称	单位	单价	制浆车间(麦草浆)		制纸一车间				制纸二车间(包装纸)		合计	
					直接材料(打印纸)		间接材料(各产品)					
			数量	金额	数量	金额	数量	金额	数量	金额	数量	金额
塑料网	m^2	7.5	98.8	741					20.5	153.75		
铜丝网	条/m	88			5.6	492.8	8.6	756.8				
三丝网	条/m	110							63.2	6 952		
聚酯网	条/m	160					10.5	1 680				
上毛布	条/kg	68.5			28	1 918	39.6	2 712.6				
下毛布	条/kg	66			93.4	6 164.4			806	53 196		
齿轮油	kg	3.5							13.5	47.25		
汽机油	kg	4.8	140	672	15	72	25	120	15	72		
黄油	kg	5.2	100	520	20	104	13	67.6	15	78		
高温黄油	kg	6.8	10	68	1	6.8						
烘缺油	kg	6.4							255	1 632		
轴承油	kg	4					325	1 300				
合计	—	—										

主管：谢东　　审核：张伟　　制表：刘呈

（3）燃料。

辅助生产车间和有关科室领用燃料汇总如下：

车间、部门领用燃料汇总表

2024 年 4 月　　　　金额单位：元

材料名称	单位	单价	锅炉		供应科		厂办		设备科		合计	
			数量	金额	数量	金额	数量	金额	数量	金额	数量	金额
原　煤	t	720	135	97 200								
汽　油	kg	6.63			196	1 299.48	450	2 983.5	70	464.1		
合　计	—	—										

主管：谢东　　审核：张伟　　制表：刘呈

（4）包装材料。

基本生产车间包装产品领用包装材料汇总如下：

基本生产车间领用包装材料汇总表

2024 年 4 月　　　　金额单位：元

材料名称	单位	单价	制纸一车间(各产品)		制纸二车间(包装纸)		合计	
			数量	金额	数量	金额	数量	金额
夹纸板	付	7.6	1 050	7 980	334	2 538.4		
铁丝	kg	5.2	950	4 940	210	1 092		
编织袋	个	2.5	550	1 375	50	125		
塑料袋	个	0.05			510 000	25 500		
其他	—	—	—	720	—	350		
合计	—	—						

主管：谢东　　审核：张伟　　制表：刘星

（5）其他材料。

车间、部门一般消耗材料、设备日常维修消耗材料及领用低值易耗品汇总如下：

车间、部门领用其他材料汇总表

2024 年 4 月　　　　单位：元

使用车间或部门 \ 材料名称		原材料		低值易耗品(一次摊销法)		合　计
		机物料	修理用料	一般工具	劳保用品	
辅助生产车间	锅炉	1 516.35	2 017.91	855.38	539.18	
	供电	3 462.10	2 477.31	479.50	108.31	
	供水	874.60	2 633.15	352.82	84.39	
	小计	5 853.05	7 128.37	1 687.70	731.88	
基本生产车间	制浆	2 742.50	1 206.40	3 403.60	892.60	
	制纸一	4 296.60	3 178.60	5 223.48	1 974.96	
	制纸二	433.25	367.36	645.15	289.28	
	小计	7 472.35	4 752.36	9 272.23	3 156.84	
厂部管理部门		9 154.20	748.60	443.70	1 810.46	
合　计						

主管：谢东　　审核：张伟　　制表：刘星

（三）实训任务

1.设置“基本生产成本”“辅助生产成本”“制造费用”“管理费用”总账和基本生产成本明细账（麦草浆、打印纸、新闻纸、包装纸）、辅助生产成本明细账（锅炉、供电、供水）、制造费用明细账

（制浆、制纸一、制纸二）、管理费用明细账。

2.登记“基本生产成本”总账和明细账（包装纸）期初余额。

3.加总上述各种汇总表“合计”栏和“合计”行。

4.编制“间接材料费用分配表”，分配各项间接材料费用（尾差由新闻纸负担）。

5.根据各汇总表及有关领料单编制转账凭证，登记开设的各有关总账和明细账。

间接材料费用分配表

车间：　　　　　　　　　　20　年　月　　　　　　　　　　材料名称：

产品名称	分配标准（产品产量）	分配率	分配金额
合　计			

主管：谢东　　　　审核：张伟　　　　制表：刘呈

间接材料费用分配表

车间：　　　　　　　　　　20　年　月　　　　　　　　　　材料名称：

产品名称	分配标准（产品产量）	分配率	分配金额
合　计			

主管：谢东　　　　审核：张伟　　　　制表：刘呈

间接材料费用分配表

车间：　　　　　　　　　　20　年　月　　　　　　　　　　材料名称：

产品名称	分配标准（产品产量）	分配率	分配金额
合　计			

主管：谢东　　　　审核：张伟　　　　制表：刘呈

（四）实训指引

1.实训形式：本实训由成本核算员1人独立完成，也可由2人组成一组，1人负责加计各汇总表“合计”，编制分配表，1人负责编制记账凭证，据以登记各有关账户。

2.实训时间：本项实训约需90分钟。

3.实训用纸：三栏式总账账页4张；多栏式明细账账页11张；转账凭证9张。

实训二　工资费用分配实训

（一）实训目的

明确工资计算的依据，熟悉工资结算单、工资结算表及汇总表的编制，熟练掌握工资费用分配表的编制方法，能够胜任工资核算岗位的会计工作。

（二）实训资料

1.温泉造纸厂实行计件工资制，各车间、工段生产工人的计件工资额由工厂企管科根据完成的生产任务等有关资料计算后，通知财务科工资核算员，由工资核算员按工段、车间分别编制“工资结算单（表）”，作为工资核算的原始依据。

2.各生产车间生产一种产品，生产工人的工资及福利费作为直接费用，记入该产品“基本生产成本明细账”的直接人工项目；生产多种产品，生产工人的工资及福利费作为间接费用，按各产品定额工时比例分配计入。

3.制浆车间各产品定额工时为：打印纸27 000工时，新闻纸3 000工时。

4.根据所在地政府规定，分别按照职工薪酬总额的10%、12%、2%和10.5%计提医疗保险费、养老保险费、失业保险费和住房公积金；分别按照职工薪酬总额的2%和8%计提工会经费和职工教育经费。2024年发生的职工福利费金额为职工薪酬总额的2%。

5.2024年4月份薪酬计算的有关资料如下：

工资、奖金通知单

财务科：

现将制浆车间备料工段生产工人计件工资额和经常性生产奖金通知如下，请以此为依据，计算各工人本月应付工资。

单位：元

序号	姓名	基本工资	经常性奖金	序号	姓名	基本工资	经常性奖金
1	赵　东	475.58	98	7	李　强	437.36	93
2	王庆华	430.64	94	8	张　华	510.16	86
3	李　彤	470.52	92	9	曾凡利	531.80	89
4	田　涛	477.64	98	10	朱　宏	510.32	87
5	刘利成	499.92	88	11	郭　亮	503.60	92
6	唐爱军	456.96	89	12	夏　蒙	473.64	98

（其他工段和车间的“工资、奖金通知单”略）

温泉造纸厂 企管科（印章）

企管科

2024年4月30日

工资结算单

部门：制浆车间——备料工段　　　　2024 年 4 月份　　　　单位：元

姓名	基本工资	经常性奖金	津贴和补贴			加班加点工资	应扣工资		应付工资	代发款项			代扣款项				实发金额	领款人签章
			技术津贴	中夜班津贴	保健津贴		病假	事假		洗理费	福利费	小计	伙食费	房电费	保险费	小计		
赵　东																		
王庆华																		
李　彤																		
田　涛																		
刘利成	499.92	88	46		34	30	6			15	8.56			5	4.8			
唐爱军	456.96	89	46	16.8	34	15		4.5		15	8.56		34.4	6.4				
李　强	437.36	93	46		34					15	8.56			8.4	4			
张　华	510.16	86	46	11.2	34		3			15	8.56		56.8		3			
曾凡利	531.80	89	46		34	15				15	8.56		65		2			
朱　宏	510.32	87	46	10.4	34			12		15	8.56			5.8	4.2			
郭　亮	503.60	92	46	11.2	34	7.5				15	8.56			5.4	5			
夏　蒙	473.64	98	46		34		4			15	8.56			6.8	4.8			
合　计																		

部门主管：孙瑞　　　　复核：张伟　　　　工资核算员：何平　　　　编报日期：2024 年 4 月 15 日

温泉造纸厂有关工资结算费用标准

单位：备料工段　　　　2024 年 4 月份　　　　金额单位：元

项目	单位	金额	项目	单位	金额
加班加点	1 班次	15	各种补贴	每人	46
中班津贴	1 班次	2.4	洗理费	每人	15
夜班津贴	1 班次	4	福利费	每人	8.56

考勤统计表

编报：备料工段　　　　2024 年 3 月份

姓名	出勤分类						缺勤分类				备注
	出勤	加班	迟到	早退	中班	夜班	公假	工伤假	病假	事假	
赵　东	26	2			6	10					
王庆华	25	1			4	8			1		病假扣 4.5 元
李　彤	24	3			5	6			2		病假扣 8 元
田　涛	26	4			2	4					
合　计											

温泉造纸厂 劳资科

部门负责人：朱志强　　考勤员：马玉呈　　审核单位盖章：　　报出日期：4 月 4 日

温泉造纸厂职工扣款通知单

车间或部门：制浆车间　　　　2024 年 3 月份　　　　单位：元

扣款项目 / 被扣款部门	伙食费	保险费	房电费	扣款金额合计
备料工段：				
赵　东	—	—	4.5	4.5
王庆华	40.8	2	2.6	45.4
李　彤	—	1	3.8	4.8
田　涛	20.5	3	—	23.5
蒸煮工段：				
合　计				

温泉造纸厂 总务科

扣款部门盖章：　　复核：王　呈　　制表：李　源

工资结算表

部门：制浆车间 2024年4月份 单位：元

项目	人数	月基本工资	经常性奖金	津贴和补贴			加班加点工资	应扣工资		应付工资	代发款项			代扣款项				实发金额	领款人签章
				技术津贴	中夜班津贴	保健津贴		病假	事假		洗理费	福利费	小计	伙食费	房电费	保险费	小计		
生产工人																			
备料工段																			
蒸煮工段	25	11 198.12	2 325	1 146	849.6	850	80				375	214		134.4	106.8	9.6			
苛化工段	18	8 065	1 680	828	777	612	71	15			270	154		248.6	94.6	14.4			
盘磨工段	27	12 094.54	2 614.5	1 196	912.6	918	132.5	12			405	231.12		420	115	19.6			
成浆工段	20	8 960.4	1 860	960	858	680	45	22.5	7		300	171.2		360	60	12.6			
小计																			
管理人员																			
车间管理	4	1 859.2	384	317.4	39	136	10.5		6		60	34.2		44	18	13			
工段管理	2	928.8	192	158.6	25.2	68	18				30	17.1		54	28	10			
小计	6	2 788	576	476	64.2	204	28.5		6		90	51.3		98	46	23			
合计																			

部门主管：孙瑞 复核：张伟 工资核算员：何平

工资结算汇总表

2024 年 4 月份

单位：元

部门人员类别		职工人数	基本工资	经常性奖金	津贴和补贴			加班加点工资	应扣工资		应付工资	代发款项			代扣款项				实发金额	部门工资核算员签章
部门名称	人员类别				技术津贴	中夜班津贴	保健津贴		病假	事假		洗理费	福利费	小计	伙食费	房电费	保险费	小计		
制浆车间	生产工人																			
	管理人员																			
制纸一车间	生产工人	86	34 842.44	8 430.4	3 795.6	2 697.9	2 924	361.75		98.25		1 290	736.16		534	342	104			
	管理人员	4	1 843.2	502	316.4	30	136	6.06	17.5			60	34.24			18.4	12			
制纸二车间	生产工人	29	14 434.8	2 676.16	1 329	1 009.8	986	476		50		435	248.24		242	128	50			
	管理人员	3	1 356	288.6	236.12	21.6	102	—				45	25.68			12	8			
锅炉车间	生产工人	30	9 564.4	2 790	811	880.8	1 020	369	18.5			450	256.8		112	126	36			
	管理人员	3	1 319	276.3	214.6	456.4	102	21		42.75		45	25.68		24	12.2				
供电车间	生产工人	13	5 222.2	1 293.4	651.2	409.2	442	—				195	111.28			50.8	60			
	管理人员	2	956	186	162.4	18.6	68	—				30	17.12			9.6	12			
供水车间	生产工人	15	6 425	1 382.18	978.8	698.4	510	115.5				225	128.4		384	62.6	16			
	管理人员	2	928	192	159.2	—	68	—				30	17.12		—	10				
厂部管理人员		150	64 916	12 309	10 208	1 734	5 100	3 571.75		535.05		2 250	1 284		1 080	620	680			
销售人员		24	14 527.17	2 102.48	1 782.96	—	476	81.25				360	205.44			48	50			
合计																				

会计主管：谢东　　劳资主管：张明　　审核：张伟　　制表：何平　　核算：何平

（三）　实训任务

1. 根据有关资料，计算备料工段赵东等四名工人的应付工资、代发款项、代扣款项和实发金额，将计算结果填入“工资结算单”，加计“合计”行各栏数额。

2. 编制制浆车间“工资结算表”。

3. 汇编全厂“工资结算汇总表”。

4. 根据“工资结算汇总表”编制“工资费用分配表”（见下表；分配率保留小数点后两位数字）。

工资费用分配表

2024 年 4 月份　　　　金额单位：元

<table>
<tr><th colspan="3">应借账户</th><th colspan="3">生产工人工资</th><th rowspan="2">车间管理人员工资</th><th rowspan="2">厂部管理人员工资</th><th rowspan="2">销售人员工资</th><th rowspan="2">合计</th></tr>
<tr><th>总账</th><th>二级账</th><th>明细账</th><th>定额工时</th><th>分配率</th><th>分配额</th></tr>
<tr><td rowspan="6">基本生产成本</td><td>制浆车间</td><td>麦草浆</td><td></td><td></td><td></td><td></td><td></td><td></td><td></td></tr>
<tr><td rowspan="3">制纸一车间</td><td>打印纸</td><td></td><td></td><td></td><td></td><td></td><td></td><td></td></tr>
<tr><td>新闻纸</td><td></td><td></td><td></td><td></td><td></td><td></td><td></td></tr>
<tr><td>小计</td><td></td><td></td><td></td><td></td><td></td><td></td><td></td></tr>
<tr><td>制纸二车间</td><td>包装纸</td><td></td><td></td><td></td><td></td><td></td><td></td><td></td></tr>
<tr><td colspan="2">小计</td><td></td><td></td><td></td><td></td><td></td><td></td><td></td></tr>
<tr><td rowspan="4">辅助生产成本</td><td colspan="2">锅炉</td><td></td><td></td><td></td><td></td><td></td><td></td><td></td></tr>
<tr><td colspan="2">供电</td><td></td><td></td><td></td><td></td><td></td><td></td><td></td></tr>
<tr><td colspan="2">供水</td><td></td><td></td><td></td><td></td><td></td><td></td><td></td></tr>
<tr><td colspan="2">小计</td><td></td><td></td><td></td><td></td><td></td><td></td><td></td></tr>
<tr><td rowspan="4">制造费用</td><td colspan="2">制浆车间</td><td></td><td></td><td></td><td></td><td></td><td></td><td></td></tr>
<tr><td colspan="2">制纸一车间</td><td></td><td></td><td></td><td></td><td></td><td></td><td></td></tr>
<tr><td colspan="2">制纸二车间</td><td></td><td></td><td></td><td></td><td></td><td></td><td></td></tr>
<tr><td colspan="2">小计</td><td></td><td></td><td></td><td></td><td></td><td></td><td></td></tr>
<tr><td colspan="2">管理费用</td><td></td><td></td><td></td><td></td><td></td><td></td><td></td><td></td></tr>
<tr><td colspan="2">销售费用</td><td></td><td></td><td></td><td></td><td></td><td></td><td></td><td></td></tr>
<tr><td colspan="3">合　　计</td><td></td><td></td><td></td><td></td><td></td><td></td><td></td></tr>
</table>

主管：谢东　　　　审核：张伟　　　　制表：何平

5.编制“应付职工薪酬其他项目提存表”（见下表；保留小数点后两位数字）。

应付职工薪酬其他项目提存表

2024 年 4 月份　　　　　　　　　　　　　　　　　　　　　单位：元

项目 / 应借账户			医疗保险费		养老保险费		失业保险费		住房公积金		工会经费		职工教育经费		合计
			计提标准	金额	计提标准	金额	计提标准	金额	计提标准	金额	计提标准	金额	计提标准	金额	
基本生产成本	制浆车间	麦草浆													
	制纸一车间	打印纸													
		新闻纸													
		小计													
	制纸二车间	包装纸													
	小　计														
辅助生产成本	锅　炉														
	供　电														
	供　水														
	小　计														
制造费用	制浆车间														
	制纸一车间														
	制纸二车间														
	小　计														
管理费用															
销售费用															
合　计															

主管：谢东　　　　　　　　审核：张伟　　　　　　　　制表：何平

6.根据“工资费用分配表”和“应付职工薪酬其他项目提存表”编制转账凭证，据以登记实训一设置的各有关总账和明细账。

（四）实训指引

1.实训形式：分组实训，工资核算员负责编制工资结算单（表）和汇总表；成本核算员负责编制“工资费用分配表”和“应付职工薪酬其他项目提存表”，编制记账凭证，登记有关账户。

2.实训时间：本项实训约需 90 分钟。

3.实训用纸：付款凭证 2 张；转账凭证 8 张。

实训三　其他费用分配实训

（一）实训目的

熟悉其他费用归集与分配的程序，掌握其他费用计入产品成本的方法。

（二）实训资料

温泉造纸厂2024年4月份发生其他费用如下：

1.固定资产折旧计提汇总表如下：

固定资产折旧计提汇总表

2024 年 4 月份　　单位：元

使用部门		房屋		建筑物		机器设备		合　计	
		原值	月提取额	原值	月提取额	原值	月提取额	原值	月提取额
基本生产车间	制浆车间	1 798 056.3	14 983.5	5 962 400	49 701.67	5 107 142.32	24 319.73		
	制纸一车间	5 946 495.8	28 316.65			10 884 356.72	51 830.27		
	制纸二车间	7 871 368.8	37 482.71	587 619.44	2 798.19	10 395 677.86	49 503.23		
	小　计	15 615 920.9	80 782.86	6 550 019.44	52 499.86	26 387 176.9	125 653.23		
辅助生产车间	锅炉车间	21 670.58	58.33	9 909.33	26.67	276 896.7	1 119.75		
	供电车间	67 133.03	175.21			353 111.89	1 427.16		
	供水车间	11 407.08	23.10	372 633.82	1 382.74	61 470	292.45		
	小　计	100 210.69	256.64	382 543.15	1 409.41	691 478.59	2 826.95		
管理部门	厂部	108 572	204.41	808.25	32.66	3 850	15.56		
	福利部门	525 222.08	1 456.48	279 793.22	810.27	283 586.76	1 460.85		
	小　计	633 794.08	1 660.89	280 601.47	842.93	287 436.76	1 476.41		
合　　计									

主管：谢东　　　　审核：张伟　　　　制表：李娜

2.划付水、电费，当月已认证抵扣增值税款。

ICBC 中国工商银行 委托银行收款结算凭证（付款通知） 5 委收号码：5581

委托日期：2024年4月30日

付款期限 2024年4月30日
延期期限 年 月 日

收款人	全称	蒙山市自来水公司	付款人	全称	温泉造纸厂
	账号或地址	234-68347-047		账号	286-54024-058
	开户银行	工行人民路办事处		开户银行	工行解放路办事处
委收金额	人民币（大写）叁万零玖佰元整			千百十万千百十元角分	¥3090000
款项内容	水费	委托收款凭据名称	增值税专用发票	附寄单证张数	1张
备注：	付款单位注意： 1.根据结算办法，上列委托收款，如在付款期限内未拒付时，即视同全部同意付款，以此联代支款通知。 2.如需提前付款或多付款，应另写书面通知送银行办理。 3.如系全部或部分拒付，应在付款期限内另填拒绝付款理由书送银行办理。				

中国工商银行 2024.04.30 业务章

单位主管：略 会计：略 复核：略 记账：略 付款单位开户行盖章

此联是付款人开户银行给付款人按期付款的通知

电子发票（增值税专用发票） 发票号码：24312000001027752103

全国统一发票监制章 国家税务总局 蒙山市税务局

开票日期：2024年04月30日

购买方信息 名称：温泉造纸厂 统一社会信用代码/纳税人识别号： 91250834154648457A	销售方信息 名称：蒙山市自来水公司 统一社会信用代码/纳税人识别号： 91250834154632416A

项目名称	规格型号	单位	数量	单价	金额	税率/征收率	税额
*水冰雪*水		吨	18 404.91	1.63	30 000.00	3%	900.00
合　计					¥30 000.00		¥900.00
价税合计（大写）	⊗叁万零玖佰元整				（小写）¥30 900.00		
备注							

开票人：李青

ICBC 中国工商银行 委托银行收款结算凭证（付款通知） 5 委收号码：5592

委托日期：2024年4月30日

付款期限 2024年4月30日
延期期限 年 月 日

收款人	全称	蒙山市供电局	付款人	全称	温泉造纸厂
	账号或地址	450-28546-084		账号	286-54024-058
	开户银行	工行中山路办事处		开户银行	工行解放路办事处
委收金额	人民币（大写）壹拾伍万伍仟玖佰肆拾元整			千百十万千百十元角分	¥15594000
款项内容	电费	委托收款凭据名称	增值税专用发票	附寄单证张数	1张
备注：	付款单位注意： 1.根据结算办法，上列委托收款，如在付款期限内未拒付时，即视同全部同意付款，以此联代支款通知。 2.如需提前付款或多付款，应另写书面通知送银行办理。 3.如系全部或部分拒付，应在付款期限内另填拒绝付款理由书送银行办理。				

中国工商银行 2024.04.30 业务章

单位主管：略 会计：略 复核：略 记账：略 付款单位开户行盖章

此联是付款人开户银行给付款人按期付款的通知

电子发票（增值税专用发票）

发票号码：24312000001027432621

开票日期：2024年04月30日

购买方信息	名称：温泉造纸厂 统一社会信用代码/纳税人识别号： 91250834154648457A	销售方信息	名称：蒙山市供电局 统一社会信用代码/纳税人识别号： 91250834152617359A

项目名称	规格型号	单位	数量	单价	金额	税率/征收率	税额
*供电*电		度	222 580.65	0.62	138 000.00	13%	17 940.00
合　计					¥138 000.00		¥17 940.00
价税合计（大写）	⊗壹拾伍万伍仟玖佰肆拾元整				（小写）¥155 940.00		
备注							

开票人：沈斌

3.摊销保险费和书报费。

预付费用分配表

2024年4月30日

车间及部门 \ 项目		保险费			报刊订阅费			合　计
		实付额	分摊月数	本月摊销额	实付额	分摊月数	本月摊销额	
生产车间	制浆车间	10 320	12	860				
	制纸一车间	11 760	12	980				
	制纸二车间	15 168	12	1 264				
企业管理部门		10 200	12	850	7 440	12	620	1 470
合　计		47 448	12	3 954	7 440	12	620	4 574

主管：谢东　　　　复核：张伟　　　　制表：李娜

4.计提银行借款（生产经营短期借款）利息。

利息费用计算表

2024年4月30日

费用种类	应借账户		应贷金额（应付利息）
	总账	明细账	
利息支出	财务费用	利息费用	80 000

主管：谢东　　　　复核：张伟　　　　制表：李娜

5.结转本月应缴的税金。

本月应缴房产税6 600元、车船税1 200元、城镇土地使用税10 500元。

（三）实训任务

根据实训提供的资料，编制记账凭证，据以登记实训一设置的各有关总账和明细账。

（四）实训指引

1.实训形式：本实训由成本核算员1人独立完成。

2.实训时间：本项实训需15~20分钟。

3.实训用纸：付款凭证3张；转账凭证8张。

实训四　辅助生产费用归集与分配实训

（一）实训目的

熟悉辅助生产费用归集的程序，熟练掌握辅助生产费用的分配方法及其账务处理。

（二）实训资料

1. 温泉造纸厂辅助生产费用分配采用一次交互分配法。

2. 生产多种产品车间应负担的辅助生产费用，按各产品产量比例分摊。

3. 辅助生产供应劳务数量通知单如下：

辅助生产供应劳务数量通知单

2024 年 4 月

耗用单位			劳务项目			备　　注
			汽(m^3)	电(度)	水(吨)	
辅助生产车间		锅炉车间	—	18 000	9 800	
		供电车间	7 500	—	700	
		供水车间	8 500	16 000	—	
基本生产车间	制浆车间	产品耗用	15 400	40 000	14 500	
		一般耗用	7 800	16 500	800	
	制纸一车间	产品耗用	14 800	34 000	12 500	
		一般耗用	7 600	17 000	800	
	制纸二车间	产品耗用	15 300	37 000	14 000	
		一般耗用	7 400	18 000	500	
厂部		管理部门	20 500	54 000	2 500	
合　　计			104 800	250 500	56 100	

会计主管：谢东　　　　复核：张伟　　　　制表：李娜

（三）实训任务

1. 根据实训一、实训二、实训三有关资料，确定各辅助生产车间直接费用（交互分配前的费用）数额。

2. 编制“辅助生产费用分配表”和“间接费用分配表”（分配率精确到 0.0001，尾差由新闻纸负担）。

辅助生产费用分配表

（一次交互分配法）

20 年 月

金额单位：元

项目			锅炉车间			供电车间			供水车间			分配金额合计
			供应数量(m^3)	单位成本	分配金额	供应数量(度)	单位成本	分配金额	供应数量(吨)	单位成本	分配金额	
分配前情况												
交互分配	锅炉车间											
	供电车间											
	供水车间											
	小计											
交互分配后情况												
对外分配	制浆车间	产品耗用										
		车间耗用										
	制纸一车间	产品耗用										
		车间耗用										
	制纸二车间	产品耗用										
		车间耗用										
	管理部门											
	合计											

会计主管：谢东 复核：张伟 制表：李娜

（分配率精确到0.0001，尾差计入管理费用）

3.根据分配表编制记账凭证，据以登记实训一设置的各有关总账和明细账。

间接费用分配表

20 年 月

产品名称	分配标准（产量）	间接费用			
		蒸汽费（分配率： ）	电费（分配率： ）	水费（分配率： ）	合计
打印纸					
新闻纸					
合计					

会计主管：谢东 复核：张伟 制表：李娜

（四）实训指引

1.实训形式：本实训由成本核算员1人独立完成。

2.实训时间：本项实训需20~30分钟。

3.实训用纸：转账凭证8张。

实训五　品种法实训

（一）实训目的

熟悉产品成本核算的基本原理和一般程序，掌握产品成本核算的最基本方法——品种法，能够胜任中小型企业成本核算岗位的会计工作。

（二）实训资料

1.温泉造纸厂是一个多步骤大量大批生产的中型企业，成本核算方法主要采用品种法。成本计算对象为麦草浆（半成品）和最终产成品——打印纸、新闻纸、包装纸。

2.成本计算程序：

（1）先计算麦草浆的成本，由于制浆车间将草浆全额供应给制纸车间，所以不存在生产费用在完工产品与期末在产品之间分配的问题。

（2）将草浆成本在制纸车间各产品之间按实耗产量比例分配后，分别成本项目结转到制纸车间各产品成本计算单中。在此实质是采用了逐步分项结转分步法，因为在实际中一个企业不可能单纯采用某一种成本计算方法，而是以某一成本计算方法为主，结合应用其他成本计算方法。温泉造纸厂就是在品种法的基础上，结合采用了逐步结转分步法。

（3）根据制纸车间产品成本计算单，计算最终完工产品成本。打印纸和新闻纸月末在产品数量很少，故不计算在产品成本；包装纸月末有在产品（包装原纸），采用约当产量法，将费用在完工产品与期末在产品之间进行分配，完工产品35吨，期末在产品15吨，在产品投料程度100%，加工程度80%。

各产品投料比例表

产品名称	麦草浆	废纸浆	合　计
打印纸	100%		100%
新闻纸	100%		100%
包装纸	50%	50%	100%

技术科主管：李家强　　　　　　　　　　　　制表：谢飞

温泉造纸厂产品计量单位折算、换算表

产品名称	规格	单位	入库数量	折算值	折算吨位	备　注
打印纸	35g/m²	令	12 000	15kg/令	180t	
新闻纸	52g	令	560	22.5kg/令	20t	
包装纸	40g/m²	令	4 250	17.09kg/令	80t	
合　计					280t	

（完工产成品入库单略）

3.行政科购买办公用品，当月已认证抵扣增值税款。

ICBC 中国工商银行　转账支票(鲁)　№ 00790834

出票日期(大写)：贰零贰肆年零肆月壹拾肆日　　付款行名称：工行解放路办事处

收款人：联家超市有限公司　　出票人账号：286-54024-058

本支票付款期限十天

人民币(大写)	柒仟零柒拾叁元捌角整	千	百	十	万	千	百	十	元	角	分
					¥	7	0	7	3	8	0

用途　购办公用品

上列款项请从
我账户内支付　　密码　108498968298

出票人签章　温泉造纸厂财务专用章　赵东印　　复核　略　　记账　略　　验印　略

电子发票（增值税专用发票）　发票号码：24312000001027548219

开票日期：2024年04月14日

购买方信息	名称：温泉造纸厂 统一社会信用代码/纳税人识别号： 912508341546484 57A	销售方信息	名称：联家超市有限公司 统一社会信用代码/纳税人识别号： 91310107607320828A

项目名称	规格型号	单位	数量	单价	金额	税率/征收率	税额
*文化办公用设备*计算器		个	10	400.00	4 000.00	13%	520.00
*家用厨房电器具*水壶		个	5	50.00	250.00	13%	32.50
*文化办公用设备*办公桌		张	5	250.00	1 250.00	13%	162.50
*纸制品*稿纸		本	152	5.00	760.00	13%	98.80
合　计					¥6 260.00		¥813.80
价税合计（大写）	⊗柒仟零柒拾叁元捌角整				（小写）¥7 073.80		
备注							

开票人：马俊

办公用品领用表

2024年4月14日

领用车间和部门	领发数量				金额(元)
	计算器(个)	水壶(个)	办公桌(张)	稿纸(本)	
制浆车间	2	1	1	48	1 340
制纸一车间	2	1	1	30	1 250
制纸二车间	2	1	1	12	1 160
厂部管理部门	4	2	2	62	2 510
合　计	10	5	5	152	6 260

审核：王卫刚　　制表：赵静楠

4.支付运输费。

电子发票（增值税专用发票）

货物运输服务

发票号码：24314100000046275001

开票日期：2024年04月30日

购买方信息	名称：温泉造纸厂 统一社会信用代码/纳税人识别号： 91250834154648457A	销售方信息	名称：常山市汽车运输公司 统一社会信用代码/纳税人识别号： 91225983275427311A

项目名称	单位	数量	单价	金额	税率/征收率	税额
*运输服务*陆路货物运输服务	项	1	9 931.70	9 931.70	9%	893.85
合　计				¥9 931.70		¥893.85

运输工具种类	运输工具牌号	起运地	到达地	运输货物名称
大卡车	鲁A67413	常山市	蒙山市	纸

价税合计（大写）	⊗壹万零捌佰贰拾伍元伍角伍分	（小写）¥10 825.55
备注		

开票人：吴非

中国工商银行
转账支票存根（鲁）
№00790835

附加信息

出票日期：　年　月　日

收款人：

金　额：

用　途：

单位主管　　会计

ICBC 中国工商银行　转账支票（鲁）

№ 00790835

本支票付款期限十天

出票日期(大写)：　年　月　日　　付款行名称：

收款人：　　出票人账号：

人民币（大写）	千	百	十	万	千	百	十	元	角	分

用途＿＿＿＿＿＿　　密码 105298028894

上列款项请从
我账户内支付

出票人签章　　复核　记账　验印

温泉造纸厂四月份运输费分摊表

2024年4月28日　　单位：元

车间部门	制浆车间	制纸一车间	制纸二车间	企业管理部门	合计
金额	1 856.60	1 988.16	2 742.00	3 345.00	9 931.76

主管：谢东　　　　制表：刘斑

5.结转废衬纸成本。制纸二车间生产包装纸，投料比例50%为麦草浆，50%为废纸（成品仓库的废纸）。

制纸二车间领用废纸汇总表

2024 年 4 月 28 日　　　　金额单位：元

名　称	规　格	单　位	数　量	单　价	金　额	用　途
废衬纸		t	40.16	1 300	52 208.00	生产包装纸

领用部门：制纸二车间　　发料部门：成品库　　领用人：李　化　　发料人：张光明

（三）实训任务

1.根据实训提供资料，编制记账凭证，登记实训一设置的各有关总账和明细账。

2.编制"制造费用分配表"（生产多种产品车间按生产工人薪酬比例分配），分配与结转制造费用。

3.计算麦草浆成本，编制"草浆成本分配表"，分配结算草浆成本。

4.编制产品成本计算单，计算结转完工产品成本。

5."基本生产成本"总账期末余额与基本生产明细账期末余额相互核对。

制造费用分配表

车间：　　　　20　年　月

产品名称	分配标准（生产工人工资）	分配率（精确到0.01）	分配金额（尾差由新闻纸负担）

主管：谢东　　审核：张伟　　制表：李娜

制纸车间用浆比例表

车间名称	产品名称	产量(吨)	投料比例	实耗(吨)	备　注
制纸一车间	打印纸	180	100%	180	
	新闻纸	20	100%	20	
	小计	200	100%	200	
制纸二车间	包装纸	100	50%	50	其余50%为废纸
合　计		300	—	250	

主管：谢东　　审核：张伟　　制表：李娜

草浆成本分配表

产品名称	实耗（吨）	原材料（分配率：　）	燃料和动力（分配率：　）	工资及福利费（分配率：　）	制造费用（分配率：　）	合计
打印纸						
新闻纸						
包装纸						
合　计						

（分配率精确到0.01，尾差由包装纸负担）

主管：谢东　　审核：张伟　　制表：李娜

产品成本计算单

车间：制纸一车间

产品：打印纸　　20　年　　月　　产量：

项　目	直接材料	燃料和动力	直接人工	制造费用	合　计
本期生产费用					
转入草浆成本					
完工产品总成本					
完工产品单位成本					

主管：谢东　　审核：张伟　　制表：李娜

产品成本计算单

车间：制纸一车间

产品：新闻纸　　20　年　　月　　产量：

项　目	直接材料	燃料和动力	直接人工	制造费用	合　计
本期生产费用					
转入草浆成本					
完工产品总成本					
完工产品单位成本					

主管：谢东　　审核：张伟　　制表：李娜

产品成本计算单

车间：制纸二车间

产品：包装纸　　20　年　　月　　产量：

项　目	直接材料	燃料和动力	直接人工	制造费用	合　计
期初在产品成本					
本期生产费用					
转入草浆成本					
生产费用累计					
约当总产量					
分　配　率					
完工产品总成本					
期末在产品成本					

主管：谢东　　审核：张伟　　制表：李娜

完工产品成本汇总表

20　年　月　日

项目 产品名称	计量单位	产量（吨）	直接材料	燃料和动力	直接人工	制造费用	总成本	单位成本
打印纸	令/t							
新闻纸	令/t							
包装纸	令/t							
合计	—	—						

主管：谢东　　　　审核：张伟　　　　制表：李娜

（四）实训指引

1.实训形式：本实训由成本核算员1人独立完成。

2.实训时间：本项实训约需200分钟。

3.实训用纸：付款凭证2张；转账凭证5张。

实训六　成本报表编制实训

（一）实训目的

了解成本报表编制的依据，熟悉成本报表编制的程序，掌握成本报表编制的方法。

（二）实训资料

1.温泉造纸厂生产的打印纸、包装纸为可比产品，新闻纸为不可比产品。可比产品成本计划降低率为20%。

2.有关资料如下：

2024年1—3月末商品产品产量、单位成本资料

金额单位：元

产品名称	计量单位	1月—3月累计产量	单位成本		1—3月累计实际总成本
			上年实际平均	本年计划	
打印纸	令/t	36 500/547.5	3 820.58	3 900	214 386.09
包装纸	令/t	40 800/102	8 759.62	9 000	948 757.18
新闻纸	令/t	2 450/54	—	4 300	185 276.00
合　计	—	—	—	—	1 348 419.27

打印纸销售单价4 500元，包装纸销售单价9 600元。

主管：谢东　　　　审核：张伟　　　　制表：李娜

主要产品有关单位成本资料

单位：元

成本项目	历史先进水平（××年）		上年实际平均		本年计划	
	打印纸	包装纸	打印纸	包装纸	打印纸	包装纸
直接材料	1 400.34	3 795.55	1 405.26	3 820.63	1 430	3 800
燃料和动力	598.56	1 528.34	592.35	1 580.39	600	1 600
直接人工	626.18	666.88	632.56	700.08	630	650
制造费用	1 185.02	2 665.19	1 190.41	2 658.52	1 240	2 950
产品生产成本	3 810.10	8 655.96	3 820.58	8 759.62	3 900	9 000

主管：谢东　　　　审核：张伟　　　　制表：李娜

制造费用有关资料

单位：元

项　　目	本年计划(各月)	上年同期实际	1—3月累计实际
职工薪酬	5 905.20	5 837.26	17 226
折旧费	19 024	17 284.50	54 830
修理费	3 200	3 420.40	9 714
办公费	5 214	5 130.60	15 608
水电费	39 400	39 542.10	117 320
机物料消耗	5 000	5 024	14 852
劳动保护费	2 548	2 603.50	7 621
取暖费	28 785	29 345.40	82 720
运输费	7 420	7 528.30	22 446
保险费	1 200	1 248	3 420
低值易耗品	6 450	6 524.80	18 374
其　他			
合　　计	124 146.20	123 488.86	364 131

主管：谢东　　　　审核：张伟　　　　制表：李娜

（三）实训任务

根据实训五计算的温泉造纸厂产品成本资料，结合本实训所列资料，编制该厂2024年4月份成本报表：

1.商品产品成本表。

2.主要产品单位成本表。

3.制造费用明细表。

（四）实训指引

1.实训形式：本实训由1人独立完成。

2.实训时间：实训时间约30分钟。

3.实训用纸：商品产品成本表1张，主要产品单位成本表2张，制造费用明细表1张。

温泉造纸厂主要产品单位成本表

20　年　　月　　　　　　　　　　　　　单位：元

产品名称		本月实际产量	
规　　格		本年累计实际产量	
计量单位		销售单价	

成本项目	行次	历史先进水平(____年)	上年实际平均	本年计划	本月实际	本年累计实际平均
		1	2	3	4	5
直接材料	1					
燃料和动力	2					
直接人工	3					
制造费用	4					
产品生产成本						

主管：谢东　　　　审核：张伟　　　　制表：李娜

温泉造纸厂主要产品单位成本表

20　年　　月　　　　　　　　　　　　　单位：元

产品名称		本月实际产量	
规　格		本年累计实际产量	
计量单位		销售单价	

成本项目	行次	历史先进水平(____年)	上年实际平均	本年计划	本月实际	本年累计实际平均
		1	2	3	4	5
直接材料	1					
燃料和动力	2					
直接人工	3					
制造费用	4					
产品生产成本						

主管：谢东　　　　审核：张伟　　　　制表：李娜

制造费用明细表

编制单位：　　　　20　年　　月　　　　　　　　单位：元

项　　　目	行次	本年计划	上年同期实际	本年累计实际
1.职工薪酬	1			
2.折旧费	2			
3.修理费	3			
4.办公费	4			
5.水电费	5			
6.机物料消耗	6			
7.劳动保护费	7			
8.取暖费	8			
9.运输费	9			
10.保险费	10			
11.低值易耗品	11			
12.其他	12			
制造费用合计				

商品产品成本表

编制单位： 20 年 月份 单位：元

产品名称	规格	计量单位	实际产量		单位成本				本月总成本			本年累计总成本		
			本月	本年累计	上年实际平均	本年计划	本年实际	本年累计实际平均	按上年实际平均单位成本计算	按本年计划单位成本计算	本月实际	按上年实际平均单位成本计算	按本年计划单位成本计算	本年实际
			1	2	3	4	5=9÷1	6=12÷2	7=1×3	8=1×4	9	10=2×3	11=2×4	12
可比产品合计	—	—	—	—	—	—	—	—						
其中：1. 2.														
不可比产品合计	—	—	—	—	—	—	—	—	—			—		
其中：1. 2.					— —				— —			— —		
全部商品														
产品制造成本	—	—	—	—	—	—	—	—	—			—		

补充资料（历年累计实际数）：

1.可比产品成本降低额 元；2.可比产品成本降低率 %（本年计划降低率为 %）。

主管：谢东 审核：张伟 制表：李娜

附录　实训用各项记账凭证、账页、报表参考格式

（一）收款凭证

收　款　凭　证

总号	
分号	

借方科目：　　　　　　年　月　日

摘要	应贷科目		√	金额										
	一级科目	二级及明细科目		亿	千	百	十	万	千	百	十	元	角	分
合计														

附件　张

会计主管：　复核：　记账：　出纳：　制单：

（二）付款凭证

付　款　凭　证

总号	
分号	

贷方科目：　　　　　　年　月　日

摘要	应借科目		√	金额										
	一级科目	二级及明细科目		亿	千	百	十	万	千	百	十	元	角	分
合计														

附件　张

会计主管：　复核：　记账：　出纳：　制单：

（三）转账凭证

转　账　凭　证

总号	
分号	

年　月　日

摘要	一级科目	二级及明细科目	√	借方金额											贷方金额										
				亿	千	百	十	万	千	百	十	元	角	分	亿	千	百	十	万	千	百	十	元	角	分
合计																									

附件　张

会计主管：　复核：　记账：　制单：

（四）记账凭证封面及抽出单据记录

凭 证 封 面

年 月份

编号

单位名称	
凭证名称	
册 数	第 册共 册
起讫编号	自第 号至第 号
起讫日期	自 年 月 日至 月 日

主管______ 装订______

抽 出 单 据 记 录

<table>
<tr><th colspan="3">抽出日期</th><th rowspan="2">抽出单据名称</th><th rowspan="2">张数</th><th rowspan="2">抽出单据理由</th><th rowspan="2">抽取人签章</th><th rowspan="2">财会主管签章</th><th rowspan="2">附注</th></tr>
<tr><th>年</th><th>月</th><th>日</th></tr>
<tr><td></td><td></td><td></td><td></td><td></td><td></td><td></td><td></td><td></td></tr>
<tr><td></td><td></td><td></td><td></td><td></td><td></td><td></td><td></td><td></td></tr>
<tr><td></td><td></td><td></td><td></td><td></td><td></td><td></td><td></td><td></td></tr>
<tr><td></td><td></td><td></td><td></td><td></td><td></td><td></td><td></td><td></td></tr>
<tr><td></td><td></td><td></td><td></td><td></td><td></td><td></td><td></td><td></td></tr>
</table>

（五）账簿启用及接交表

账 簿 启 用 及 接 交 表

<table>
<tr><td>单位名称</td><td></td><td>印鉴</td></tr>
<tr><td>账簿名称</td><td>（第 册）</td><td rowspan="4"></td></tr>
<tr><td>账簿编号</td><td></td></tr>
<tr><td>账簿页数</td><td>本账簿共计 页（本账簿页数
检点人盖章）</td></tr>
<tr><td>启用日期</td><td>公元 年 月 日</td></tr>
</table>

<table>
<tr><td rowspan="3">经管人员</td><td colspan="2">负责人</td><td colspan="2">主管会计</td><td colspan="2">复核</td><td colspan="2">记账</td></tr>
<tr><td>姓 名</td><td>盖章</td><td>姓 名</td><td>盖章</td><td>姓 名</td><td>盖章</td><td>姓 名</td><td>盖章</td></tr>
<tr><td></td><td></td><td></td><td></td><td></td><td></td><td></td><td></td></tr>
</table>

<table>
<tr><td rowspan="5">接交记录</td><td colspan="2">经 管 人 员</td><td colspan="4">接 管</td><td colspan="4">交 出</td></tr>
<tr><td>职 别</td><td>姓 名</td><td>年</td><td>月</td><td>日</td><td>盖章</td><td>年</td><td>月</td><td>日</td><td>盖章</td></tr>
<tr><td></td><td></td><td></td><td></td><td></td><td></td><td></td><td></td><td></td><td></td></tr>
<tr><td></td><td></td><td></td><td></td><td></td><td></td><td></td><td></td><td></td><td></td></tr>
<tr><td></td><td></td><td></td><td></td><td></td><td></td><td></td><td></td><td></td><td></td></tr>
<tr><td>备注</td><td></td><td></td><td></td><td></td><td></td><td></td><td></td><td></td><td></td><td></td></tr>
</table>

目　　录

编号	科目	页码	编号	科目	页码	编号	科目	页码

（六）日记账账页

年		凭证号数	对方科目	摘要	总页	收入（借方）										付出（贷方）										借或贷	结存（余额）									
月	日					千	百	十	万	千	百	十	元	角	分	千	百	十	万	千	百	十	元	角	分		千	百	十	万	千	百	十	元	角	分

（七）三栏式账页

分页＿＿＿＿ 总页＿＿＿＿

会计科目：

明细科目：

年		凭证		摘要	对方科目	借方													贷方													借/贷	余额												
月	日	种类	号数			百	十	亿	千	百	十	万	千	百	十	元	角	分	√	百	十	亿	千	百	十	万	千	百	十	元	角	分	√		百	十	亿	千	百	十	万	千	百	十	元	角	分	√

（八）平行式材料采购明细分类账账页

分页______ 总页______

材料采购明细分类账

材料类别：______

材料名称：______

年		凭证号数	发票号数	供应单位	材料名称及规格	计量单位	发票数量	采购成本（借方）																																				入库成本（贷方）														
								发票金额										运费																合计										日期		收料单号数	实收数量	单价	总额									
月	日							千	百	十	万	千	百	十	元	角	分	十	万	千	百	十	元	角	分	十	万	千	百	十	元	角	分	千	百	十	万	千	百	十	元	角	分	月	日				千	百	十	万	千	百	十	元	角	分

（九）数量金额式原材料明细分类账账页

分页______ 总页______

原材料明细分类账

最高存量______ 编号、名称______

最低存量______ 储备天数______ 存放地点______ 计量单位______ 规格______ 类别______

年		凭证		摘要	收入												发出												结存											
					数量	单价	金额										数量	单价	金额										数量	单价	金额									
月	日	种类	号数				千	百	十	万	千	百	十	元	角	分			千	百	十	万	千	百	十	元	角	分			千	百	十	万	千	百	十	元	角	分

（十）多栏式生产成本明细分类账账页

生产成本明细分类账

分页______ 总页______

订货单位：______________ 生产车间：__________

投产日期：______年____月____日 完工日期：______年____月____日 生产批号：__________ 明细科目：__________

完工产量：________ 计划工时：________ 实际工时：________ 数量：______ 规格：______ 产品/部门名称：______________

年		凭证号数	摘要	借方发生额	明细项目							
					直接材料	直接人工	制造费用	合计				
月	日			亿千百十万千百十元角分	千百十万千百十元角分	千百十万千百十元角分	千百十万千百十元角分	千百十万千百十元角分	千百十万千百十元角分	千百十万千百十元角分	千百十万千百十元角分	千百十万千百十元角分

（十一）多栏式制造费用、管理费用明细分类账账页

总页______ 分页______

__________级科目__________

__________级科目__________

年		凭证号数	摘要	借方	贷方	借/贷	余额	（ ）方金额分析						
月	日			千百十万千百十元角分	千百十万千百十元角分		千百十万千百十元角分	千百十万千百十元角分	千百十万千百十元角分	千百十万千百十元角分	千百十万千百十元角分	千百十万千百十元角分	千百十万千百十元角分	千百十万千百十元角分

（十二）多栏式应交增值税明细分类账账页

总页______ 分页______

应交税费——应交增值税明细分类账

年		凭证		摘要	借方																														贷方																														借/贷	余额									
					进项税额																														销项税额																																								
月	日	种类	号数		千	百	十	万	千	百	十	元	角	分	千	百	十	万	千	百	十	元	角	分	千	百	十	万	千	百	十	元	角	分	千	百	十	万	千	百	十	元	角	分	千	百	十	万	千	百	十	元	角	分	千	百	十	万	千	百	十	元	角	分		千	百	十	万	千	百	十	元	角	分

（十三）科目汇总表

编号：				
凭证号数	现收	自第	号至	号止
	现付	自第	号至	号止
	银收	自第	号至	号止
	银付	自第	号至	号止
	转账	自第	号至	号止

科目汇总表

年　月　日至　年　月　日

会计科目	总页	借方金额										贷方金额									
		千	百	十	万	千	百	十	元	角	分	千	百	十	万	千	百	十	元	角	分
合计																					
总计																					

财会主管　　　　记账　　　　复核　　　　制表

（十四）会计报表

资产负债表（简）

会企01表

编制单位：　　　　　　　　　　年　月　日　　　　　　　　　　单位：元

资　产	期末余额	上年年末余额	负债及所有者权益（或股东权益）	期末余额	上年年末余额
流动资产：			流动负债：		
货币资金			短期借款		
交易性金融资产			交易性金融资产		
应收票据			应付票据		
应收账款			应付账款		
预付款项			预收款项		
其他应收款			合同负债		
存货			应付职工薪酬		
合同资产			应交税费		
持有待售资产			其他应付款		
一年内到期的非流动资产			持有待售负债		
其他流动资产			一年内到期的非流动负债		
流动资产合计			其他流动负债		
非流动资产：			流动负债合计		
债权投资			非流动负债：		
其他债权投资			长期借款		
长期应收款			应付债券		
长期股权投资			租赁负债		
投资性房地产			长期应付款		
固定资产			专项应付款		
在建工程			预计负债		
使用权资产			递延所得税负债		
无形资产			其他非流动负债		
开发支出			非流动负债合计		
长期待摊费用			负债合计		
递延所得税资产			所有者权益（或股东权益）：		
其他非流动资产			实收资本（或股本）		
非流动资产合计			其他权益工具		
			资本公积		
			其他综合收益		
			专项储备		
			盈余公积		
			未分配利润		
			所有者权益（或股东权益）合计		
资产总计			负债及所有者权益（或股东权益）总计		

利　润　表（简）

会企02表

编制单位：　　　　　　　　　　　　　　　　　　＿＿＿＿＿年度　　　　　　　　　　　　　　　　　　单位：元

项　　　　目	本期金额	上期金额
一、营业收入		
减：营业成本		
税金及附加		
销售费用		
管理费用		
研发费用		
财务费用		
加：其他收益		
投资收益(损失以“-”号填列)		
以摊余成本计量的金融资产终止确认收益(损失以“-”号填列)		
公允价值变动收益(损失以“-”号填列)		
信用减值损失(损失以“-”号填列)		
资产减值损失(损失以“-”号填列)		
资产处置收益(损失以“-”号填列)		
二、营业利润(亏损以“-”号填列)		
加：营业外收入		
减：营业外支出		
三、利润总额(亏损总额以“-”号填列)		
减：所得税费用		
四、净利润(净亏损以“-”号填列)		
五、其他综合收益的税后净额		
(一)不能重分类进损益的其他综合收益		
(二)将重分类进损益的其他综合收益		
六、综合收益总额		
七、每股收益		
(一)基本每股收益		
(二)稀释每股收益		